generación de Adoradores

*Cómo acompañar
a esta generación
al trono de la gracia.*

**EMMANUEL
ESPINOSA** **LUCAS
LEYS** **DANILO
MONTERO**

Especialidades Juveniles
www.especialidadesjuveniles.com

Vida
www.editorialvida.com

La misión de EDITORIAL VIDA es proporcionar los recursos necesarios a fin de alcanzar a las personas para Jesucristo y ayudarles a crecer en su fe.

Publicado por Editorial Vida
Miami, Florida

© 2006 por Lucas Leys, Danilo Montero y Emmanuel Espinosa

Edición: Silvia Himitian

Diseño interior y de cubierta: Matías Deluca para Especialidades Juveniles

ISBN: 0-8297-4749-4

Categoría: Vida cristiana / Crecimiento espiritual / General

Impreso en Estados Unidos de América
Printed in the United States of America

06 07 08 09 10 ❖ 8 7 6 5 4 3

Recomendaciones

M e emociona ver que Dios sigue levantando grandes líderes que inspiran, capacitan y facultan a otros líderes a ser un impacto a su generación. Entre esos líderes hoy destacan tres hombres: Emmanuel Espinosa, Lucas Leys y Danilo Montero, líderes que están movilizando a toda una generación de jóvenes para ser campeones para Cristo.

Es con gran entusiasmo que recomiendo este libro que desafiará el pensamiento y fortalecerá el liderazgo de los líderes de alabanza. Creo que Dios usará estas páginas para estirarlo y llenarlo de nuevo fuego para cambiar el mundo en su nombre.

Marcos Witt
Presidente del Grupo Canzion
Pastor Hispano de Lakewood Church

E n cada generación encontramos líderes cuya pasión se convierte en un llamado que puede ser escuchado a pesar de las voces que resisten el cambio. Emmanuel Espinosa, Lucas Leys y Danilo Montero, son tres de esos líderes. Aquí nos alientan a ser una iglesia activa que deja de mantenerse en comodidad y se atreve a construir en forma revolucionaria el cambio necesario para que una nueva generación adore al Señor. Más que un libro esta es una obra que define lo que debemos hacer para cumplir la voluntad de Dios de levantar una nueva generación de adoradores.

Tessie Güell de DeVore
Vice presidente ejecutivo
Strang Communications

Siempre es un placer leer un libro con un aporte concreto. A pesar de sus cuantiosos estudios, Lucas Leys no ha perdido su estilo franco y directo con el que edifica a sus lectores. Para esta entrega ha invitado a Emmanuel Espinosa y a Danilo Montero, voces muy reconocidas para hablar de adoración y juntos han hecho posible esta obra que nos lleva directo al corazón de lo que significa la verdadera adoración y cómo llevar a las nuevas generaciones hacia esa hermosa experiencia.

Dr. Esteban Fernandez
Presidente Editorial Vida, Vice Presidente del Concilio Global Casa Sobre la Roca ICI.

He tenido la oportunidad de leer varios libros sobre adoración y me han bendecido mucho sin embargo creo que en ocasiones se deja el tema en los cielos cuando es mas terrenal de lo que imaginamos. En este tiempo en el que es urgente que salgamos de nuestros círculos cerrados y mostremos al mundo lo que es verdaderamente la vida cristiana, este libro viene como anillo al dedo de quienes queremos ver concretamente a jovenes y adolescentes viviendo vidas cristianas integras. Este libro rompe paradigmas sobre lo que es y no es la verdadera adoración y me parece imperdible para líderes de alabanza.

Kristy Motta de Padilla
Ministro de Alabanza, productora y conductora de televisión y pastora de jovenes junto a su esposo David en la Iglesia Vida Real en Guatemala.

La alabanza y la adoración se vuelven más reales cuando tenemos la perspectiva correcta de lo que verdaderamente significan. Por eso, la responsabilidad de cada líder es exponer una perspectiva sabia sobre este tema. La verdadera alabanza y adoración pasan por una vida que agrada a Dios en todo lo que sucede 24 horas al día 7 días de la semana. Este libro es posiblemente el primero en tratar el tema desde la perspectiva del liderazgo juvenil. Tengo el privilegio de conocer a sus autores como amigos y se que Dios les ha dado este libro para brindar a los lectores una perspectiva correcta de lo que este tema tan importante significa para nuestra juventud. Este libro es una herramienta que impactará nuestra presente generación de líderes y muchas por venir.

Víctor J. Cardenas
Presidente y Fundador de Otra Onda / Youth Wave
Voz Líder de la banda Zona 7.
Co – Fundador de CanZion Producciones.

ÍNDICE

10/18/06

Querido hermanito & cuñado:

Esperamos que este libro
sea de muucha bendición
para ti'.
Que el Señor te siga bendiciendo
& conceda todos los peticiones
de tu ♡cito.

Te Amamos mucho!

Sheeps & Tommy

En el principio

1

POR DANILO MONTERO

Luego de la creación, la Biblia continúa el relato con una imagen de comunión: Adán y Eva conversaban con Dios diariamente en el fresco de la tarde. La amistad con Dios transformó al jardín del Edén en un lugar celestial.

Dios hizo todas las cosas de acuerdo con su propósito. Sin accidentes ni improvisación, llevó a cabo su deseo de crear al ser humano con la capacidad de disfrutar de la creación y comunicarse con él. El apóstol Juan nos dice que Dios es amor y que creó al ser humano para manifestar ese amor.

Somos semejantes a Dios porque poseemos la capacidad de comunicación e intimidad. Podemos relacionarnos con él y entre nosotros, y esa es la mejor expresión de su naturaleza divina en nosotros. El Edén delata los deseos de conexión que el Creador tiene.

El Edén delata los deseos de conexión que el Creador tiene.

Para que esa conversación pudiera tener lugar, fuimos hechos con la capacidad de conocernos a nosotros mismos y de expresar nuestros pensamientos y sentimientos de manera clara y comprensible.

Dios nos otorgó sentidos para conectar el mundo exterior con nuestro ser interior; y por medio de ellos percibimos a los demás.

Nuestros sentidos también transportan lo intangible de nuestro corazón hacia el mundo exterior, para expresar nuestra interpretación del exterior y de nosotros mismos.

Nuestra forma de tocar, nuestros gestos, nuestras palabras y miradas hablan sobre las cosas del alma, mayores que los sentidos. Y de esa manera nos relacionamos.

Pero además, tenemos sentidos espirituales para hablar con Dios. El Señor sopló de «su» Espíritu en el hombre, y fue en ese momento que el hombre vino a ser una creación a semejanza de Dios. El semen espiritual de Dios nos otorgó su ADN espiritual; adquirimos así la capacidad de comprenderlo, escucharlo y amarlo.

En ese instante, el hombre despertó y comprendió que aquellos enormes ojos que lo observaban en silencio y con asombro eran los de su papá. Supo que le pertenecía, que era bienvenido, que era amado; y así el hombre aprendió a amar mirando la armonía perfecta reflejada en la mirada de Dios.

A su vez, Dios miró sus propios rasgos paternos en la forma en que la pareja del jardín hablaba y se conducía.

Una naturaleza espiritual y una moral en común. Un lenguaje en común. Un vínculo eterno.

Las conversaciones diarias se extendieron y el gusto resultó cada vez mayor, al comprobar el Señor que al abrir su corazón hacía crecer a la pareja en carácter y sabiduría.

¡Escuchar a Dios debió ser fascinante! Realizar preguntas al ingeniero y arquitecto universal debió resultar alucinante para Adán y su mujer, al punto de provocarles el deseo de ser exactamente como él.

Es un milagro poder conversar con Dios.
¡Qué maravilla comprender su lenguaje!
Pero mayor desafío es anhelar convertirnos en su reflejo.

Conocer a Dios, crecer en su conocimiento y darlo a conocer, es el sentido de la conversación y el objetivo de la vida.

La desconexión

Un elemento ajeno interrumpió el amoroso diálogo. La serpiente, llena de voluntad propia y soberbia solapada, les robó la mirada al hombre y a la mujer y, distraídos, se dejaron llevar por la ambición de ser como Dios, y lo intentaron por sí mismos y en sus fuerzas.

Es un milagro poder conversar con Dios. ¡Qué maravilla comprender su lenguaje! Pero mayor desafío es anhelar convertirnos en su reflejo.

La voz de Dios se apagó en el interior del hombre. Pudo más la voz del corazón desconfiado que cuestionaba los motivos divinos y prefería seguir por su cuenta.

Cuando la cita acostumbrada llegó al final de la tarde, Dios quedó solo en la mesa.

El hombre se escondió detrás de un arbusto y luego, detrás de una mentira.

El pecado introdujo en el hombre una sensación de incompetencia, temor y rechazo; lo llevó, por lo tanto, a una conversación quebrada con su Hacedor.

No existió más esa conexión. La naturaleza de Dios, que le había sido implantada al hombre, ahora se corrompía. Su vida espiritual se apagó, el veneno de la serpiente surtió efecto; corría muerte en sus venas espirituales. Dios y el hombre estaban separados y aunque todavía quedaban rastros de lo divino en él, el hombre se convirtió en solo una sombra de lo que una vez había sido.

El soplo divino, que les impartió la capacidad de comunión con Dios, entonces se fue. En otras palabras, la vida del Espíritu dejó de morar dentro del hombre y, de esta manera, la comunicación resultó imposible. Como si se hablara en dos idiomas completamente diferentes y sin interpretación mutua. Dios, como siempre, hablaba verdad, el hombre mentira. Dios era motivado por compasión y justicia; el hombre, en cambio, movido por orgullo y auto justificación.

Conocemos la historia. La confrontación amorosa de Dios solamente consiguió respuestas evasivas. Dios siguió buscando y el hombre aprendió a esconderse.

¿Cómo se podía sostener una conversación significativa y profunda con quien no se tenía más afinidad, con quien se había perdido la cercanía e incluso la confidencialidad?

¿Cómo podía Dios develarle secretos a alguien que dudaba de su palabra? ¿Y cómo revelar sueños sagrados a aquel que dudaba de su bondad?

Un nuevo lenguaje, un nuevo lugar para hablar

La irrupción que hizo el enemigo en el jardín de ninguna manera tomó por sorpresa a Dios. Tampoco cambió sus planes.

Dios es un ser comunicativo y nunca deja de expresar lo que hay en su corazón.

Sin embargo, se debían restaurar las condiciones propicias para reanudar el diálogo con nosotros. Por eso, todo lo que Dios hizo, a partir de ese momento, funcionó como una figura, una especie de metáfora práctica o, como algunos lo llaman, un acto profético que anunciaría la solución definitiva y absoluta que él mismo propuso para acabar con la interferencia del pecado: la encarnación, muerte y resurrección de Jesucristo.

Las hojas de higuera que cubrían la desnudez y las pieles que compusieron el primer vestido del hombre y la mujer presuponían la muerte de un animal aquel día; y de manera profética anunciaron que el Hijo inocente de Dios moriría para cubrir nuestro pecado.

Una vez fuera del jardín, fueron los hijos de Adán y Eva los que nos introdujeron a un nuevo concepto: un punto de encuentro con Dios, un altar. Otra vez se establecieron las bases para un nuevo diálogo con Dios, por medio de la consumación de un sacrificio en el que el hombre se ofrece a Dios en humildad y adoración. Por muchos años los altares serían una señal de humillación humana y de exaltación divina, propios de hombres piadosos que buscaron a Dios en ese lugar.

Una casa para conversar

Los oráculos de Dios le mostraron a Moisés los planos de una casa, semejante a la casa de Dios. La llamaron la tienda de reunión o el lugar de los encuentros con Dios.

Resulta curioso. Es como si Dios quisiera invitarnos a su verdadera casa y debiera ensayar con nosotros para que sepamos como comportarnos cuando lleguemos allí.

Si el Presidente o un alto funcionario o diplomático nos invitara a su casa, solamente la invitación debería ser un honor. Ser convidado es, de por sí, una muestra de favor. No obstante, el favor otorgado presupone una disposición de nuestra parte a someternos al protocolo que requiere la visita.

Si el Presidente o un alto funcionario o diplomático nos invitara a su casa, solamente la invitación debería ser un honor. Ser convidado es, de por sí, una muestra de favor. No obstante, el favor otorgado presupone una disposición de nuestra parte a someternos al protocolo que requiere la visita.

La santidad de Dios demanda respeto y nuestra condición humana requiere favor.

¿En qué punto se pueden encontrar esos dos aspectos? El tabernáculo fue para Israel ese punto común. Lo primero que atacó el pecado fue la imagen que teníamos de Dios, de modo que resultaba imperativo que el Señor ilustrara, mediante cosas físicas, aquellos principios que tenían que ver con su carácter, con nuestra condición pecaminosa y con la posibilidad de volver ambos a un lugar para relacionarnos. Eso es lo que buscó hacer Dios en su pueblo Israel por medio de la revelación de su pacto con ellos y el orden de culto que se inició en el desierto, y que sería desarrollado más adelante por David y Salomón con su templo.

Una vez restituido nuestro entendimiento acerca de la santidad de Dios y las consecuencias que tiene nuestro pecado, comprenderemos la necesidad de acercarnos a él por medio de un sacrificio provisto por él mismo. Entonces podremos gustar mas profundamente del gozo de una amistad restaurada.

El tabernáculo estaba en el medio del campamento de Israel. Tenía un muro de cortinas alrededor que lo delimitaba y que encerraban el patio exterior. Continuaba con una puerta, un altar confeccionado en metal de bronce y un lugar para lavarse. Luego una tienda de campaña, realizada con pieles de animales. Adentro había un recinto con un candelabro, una mesa para poner pan y un altar para el incienso.

Un velo o cortina separaban el recinto principal, donde había un artefacto, labrado en madera y cubierto de oro puro, llamado el arca del pacto. Luego hablaremos de eso.

Existen muchos detalles pero sigamos avanzando.

¿Por qué el tabernáculo estaba justo en el centro del campamento? Por que Dios quería que todos lo escucharan.

¡Dios sigue insistiendo en dialogar! Ese es el mensaje. El tabernáculo solo intenta ser una imagen que nos ilustra cómo puede desarrollarse esa comunicación, especialmente después del pecado.

Israel debía entender que para hablar con él, era necesario hacer un viaje desde sus tiendas hasta la tienda de Dios, y desde lo más público (los patios externos), hasta lo más íntimo (el Lugar Santísimo).

Para lograr escuchar a Dios era inevitable pasar por la puerta, detenerse y sacrificar una ofrenda que cubriera sus faltas, luego lavarse las manos y los pies para poder atender los asuntos del Altísimo, y finalmente entrar para ofrecerle incienso y pan fresco en una mesa iluminada por un candelabro.

El punto es que, antes de entrar para dialogar con él en ese lugar peculiar lleno de la luz de Dios, se debía enfrentar un obstáculo: el velo de separación.

El mensaje de toda esa casa era: «Quiero vivir entre ustedes, y para ello deben hacerlo en mis términos, con respeto y ofrendas en las manos, pero quiero que recuerden siempre que su pecado no podrá dejarlos acercarse más».

No hablamos de un Dios ingrato, que nos enseña un puñado de su gloria para luego levantarla muy alto y, una vez lejos de nuestro alcance, decirnos que no podemos tocarla.

Es un Padre de principios, cuya santidad y justicia fueron violentadas por nuestros pecados. Mientras su corazón de Padre nos pide acercarnos, su gloria demanda respeto y su misericordia le confía a Israel un mensaje para todos: «¡He provisto la manera de recuperar nuestra amistad!» El dialogo debe continuar.

El significado del tabernáculo hoy

2

POR DANILO MONTERO

El objetivo que buscamos a través de este libro es ayudar a considerar de que manera podemos desarrollar una vida de adoración más fuerte, y a la vez cómo podemos colaborar con nuestros jóvenes enseñándoles a entrar a la presencia santísima de Dios.

Precisamente el pueblo de Israel descubrió que el tabernáculo consistía en un encuentro con la presencia de Dios. Hebreos 8:2 (RV60) nos dice que hay un tabernáculo verdadero en el cielo, levantado por Dios mismo. Más adelante, el versículo cinco nos cuenta que aquella tienda de campaña en el desierto era la «figura y sombra de las cosas celestiales». Por eso creo verdaderamente, que vale la pena volver a esa tienda, recorrerla y reflexionar sobre su significado. Y detenernos allí para darnos cuenta de que todo lo que vemos representa verdades eternas, aspectos dinámicos de nuestra relación con Dios que debemos comprender para adorarle. El tabernáculo es una magnifica ilustración.

¿Qué verdades están allí escondidas esperando por ser descubiertas? Te invito a investigarlas.

EL TABERNACULO EN SI MISMO ES IMAGEN DE JESUS.

A continuación, una secuencia de ideas relacionadas:

Desde la antigüedad, Dios nos habló por medio de la creación y de nuestra conciencia. Luego, a través de Israel y los profetas, en las Escrituras.

Su mejor expresión, sin embargo, consistió en enviar a su Hijo, que es **la Palabra** misma de Dios, para reiniciar un diálogo con nosotros. Ver Juan 1:1-18. ¡A Dios le gusta dialogar con nosotros!

Dios puso su tabernáculo entre nosotros (Juan 1:14-18). Jesús es Dios hecho carne, Dios viviendo en una tienda de carne humana. El profeta lo llamó Emmanuel: Dios con nosotros.

Jesús es la mejor expresión del deseo del Padre de habitar entre nosotros.

> Jesús es la mejor expresión del deseo del Padre de habitar entre nosotros.

Dios acampó entre nosotros, en la persona de su Hijo. Ahora busca vivir en cada uno de nosotros y utilizar nuestro corazón como habitación. Así lo indica la invitación que realiza Jesús en la carta a las iglesias del Nuevo Testamento:

«Mira que estoy a la puerta y llamo. Si alguno oye mi voz y abre la puerta, entraré y cenaré con él y él conmigo» (Apocalipsis 3:20).

Dios ordenó a Moisés que montara una tienda en el desierto, y de la misma manera él decidió preparar un lugar donde vivir en la tierra, y es el corazón de sus hijos.

Tú y yo somos templos de su presencia, la casa de Dios.

«¿Acaso no saben que su cuerpo es templo del Espíritu Santo, quien está en ustedes y al que han recibido de parte de Dios? Ustedes no son sus propios dueños; fueron comprados por un precio. Por tanto, honren con su cuerpo a Dios» (1 Corintios 6: 19-20).

Los cristianos sabemos que al creer en Jesús, somos transformados en morada permanente de Dios, nuestro espíritu es revivido por el suyo y nuestro cuerpo le pertenece.

Dios no entra y sale de nosotros: él vino a quedarse. La presencia de Dios no viene de visita a la reunión de la iglesia. **¡vive en ella!**

En ocasiones sentiremos su presencia, otras veces no. Eso no cambia el hecho de que su presencia siempre está en nosotros.

«Porque nosotros somos templo del Dios viviente. Como él ha dicho: 'Viviré con ellos y caminaré entre ellos; yo seré su Dios, y ellos serán mi pueblo» (2 Corintios 6:16).

LA PUERTA

La puerta es una imagen de aquel que nos iba a marcar un camino de regreso al Padre.

Jesús señala: «Yo soy la puerta». También Juan, el apóstol, lo menciona cuando Jesús dice: «En la casa de mi Padre muchas moradas hay, voy pues a preparar lugar para vosotros...»

Una de las escenas del Evangelio que mejor ilustra a Jesús como puerta de acceso a Dios es la que acontece la mañana de resurrección. María Magdalena llora ante la tumba vacía cuando de pronto Jesús la llama estando detrás de ella. María descubre quién es y comienza a adorarle, y luego el Señor le da la noticia:

«Subo a mi Dios y vuestro Dios, a mi Padre y a vuestro Padre».

¿Quién podría realizar la semejante hazaña de conectar el cielo y la tierra, nuestro corazón y el de Dios, sobrepasando el abismo que causó nuestro pecado, y juntar ambos lados del universo? ¡Solamente Jesús!

Es importante que reconozcamos eso antes de empezar a adorar a Dios. Si dependemos de nuestros logros no podremos conectarnos. Debemos aprender a entrar a la oración por la puerta correcta, y es aplicando la fe a esa verdad.

Es necesario saber que somos bienvenidos a adorar cuando entramos por la puerta correcta.

Por eso, cuando adoramos, a solas o en grupo, es importante que tomemos un tiempo para recordar lo que Jesús es: Él es la puerta de bienvenida a casa.

EL ALTAR DEL SACRIFICIO

El altar es una figura del sacrificio de Jesús por nuestros pecados. Es la segunda estación del camino de los adoradores en el desierto y debe ser la nuestra también.

Él es la puerta de bienvenida a casa.

Se presentaban sacrificios diarios a Dios por los sacerdotes y también por el pueblo. Una vez al año, en el día de la expiación, se realizaba un sacrificio que cubría los pecados de toda la población.

Jesús es el sacrificio único y perfecto, consumado una sola vez, ya que su sangre, la ofrenda, fue aceptada por Dios Padre como pago suficiente por nuestra rebelión (Hebreos 9:11-12).

La próxima vez que nos dispongamos a adorar, pensemos en lo siguiente: mis pecados ya fueron limpiados, no necesito otro sacrificio, puedo descansar en esa verdad.

Si en el pasado Dios pasaba por alto los pecados del pueblo al ver la sangre de los animales sobre el altar, ¡cuanto más ahora que es la sangre de su Hijo la que nos compró!

«Si esto es así, ¡cuanto más la sangre de Cristo, quién por medio del Espíritu eterno se ofreció sin mancha a Dios, purificará nuestra conciencia de las obras que conducen a la muerte, a fin de que sirvamos al Dios viviente!» (Hebreos 9:14).

El altar en nuestra vida

Los altares fueron, en el Antiguo Testamento, un punto de encuentro aceptable en términos religiosos. El hombre invocó a Dios en ellos y Dios miró con misericordia sus ofrendas y su vida.

En esencia, eran lugares en los que se presentaban ofrendas y, a la vez, se entregaba la vida. Allí se ofrecía la devoción del corazón a Dios, los afectos del alma se rendían y se recibía la ayuda necesaria.

En un altar Abel fue justificado, Abraham fue considerado amigo de Dios, Noé honró la fidelidad divina y Gedeón escuchó el llamado.

Jesús levantó un altar aceptable a favor de todos los hombres y se ofreció a sí mismo allí. Buscaba saldar la paga de muerte que nuestro pecado requería y, a la vez, glorificar a Dios por su santidad. Así como los altares se constituían de piedras, troncos y un sacrificio, Jesús subió al monte del Gólgota y sobre un madero se entregó como sacrificio acepto.

Al hacer eso, Jesús personificaba la entrega que Abraham hizo de Isaac en una montaña. Pero en este caso, no solo logró hacerse autor de fe y salvación; también nos convirtió, a los que creemos en él, en amigos de Dios, título de justificación que antes solo poseía Abraham.

¿Qué tiene que ver un altar con nuestra adoración? La adoración es un acto de rendición, entrega y abandono. Es decir, para que haya adoración debe existir un sacrificio. Dentro de la enseñanza del Antiguo Testamento no se concebía venir ante Dios con manos vacías.

> La adoración es un acto de rendición, entrega y abandono. Es decir, para que haya adoración debe existir un sacrificio.

En ese sentido, gracias a Dios, la ofrenda que teníamos que traer ya fue presentada por Cristo mismo.

Sin embargo, la vida cristiana se considera como una entrega a la voluntad de Dios y en la medida en que nos entregamos, vivimos adorando a Dios.

Pablo nos insta a entregar nuestros cuerpos como sacrificio vivo (Romanos 12:1).

Colosenses 2:17 nos llama a hacer todo en una actitud de adoración.

El escritor de Hebreos sostiene que nuestra vida de adoración requiere un nivel de entrega mayor que el de los sacerdotes del tabernáculo.

«Nosotros tenemos un altar del cual no tienen derecho a comer los que ofician en el tabernáculo Porque el sumo sacerdote introduce la sangre de los animales en el Lugar Santísimo como sacrificio por el pecado, pero los cuerpos de esos animales se queman fuera del campamento. Por eso también Jesús, para santificar al pueblo mediante su propia sangre, sufrió fuera de la puerta de la ciudad. Por lo tanto, salgamos a su encuentro fuera del campamento, llevando la deshonra que él llevó» (Hebreos 13:10-13).

En pocas palabras, adorar requiere identificarse con el sacrificio de Cristo y su renuncia. Ya no nos pertenecemos, debemos presentarnos en el altar como un sacrificio vivo. Nuestros cuerpos son suyos para su gloria.

¡Imaginemos el impacto que produce recordar todo eso cuando nos disponemos a adorar a Dios! Sin dudas un impacto en nuestra propia actitud, pero también un impacto para los que nos observan.

Adorar no es cantar. Es entregar; y eso a veces requiere de un simultáneo acto de gozo y dolor por renunciar a nosotros mismos.

Los evangelios nos cuentan que luego del nacimiento de Jesús, los sabios de Oriente llegaron a su casa para adorarlo. El viaje incluyó una logística muy costosa, que los llevó por tierras peligrosas, quizás durante meses enteros.

Para adorar a Dios hay que renunciar a ese egoísmo que solo busca pedir para sí.

Pagaron un precio para llegar a Jesús. Pero cuando lo lograron, en vez de pedirle, le **ofrecieron** lo mejor que tenían: oro, incienso y mirra.

Para adorar a Dios hay que renunciar a ese egoísmo que solo busca pedir para sí.

Cuando nos presentemos ante Dios, llevémosle algo.

«Así que ofrezcamos continuamente a Dios, por medio de Jesucristo, un sacrificio de alabanza, es decir el fruto de los labios que confiesan su nombre» (Hebreos 13:15).

En nuestra adoración, detengámonos en el altar del sacrificio, miremos la cruz y demos gracias al que ocupó ese altar con su vida.

Luego, pidamos a Dios que nos ayude a dejar a un lado nuestras demandas y deseos egoístas. Hagámosle la invitación de enseñarnos a caminar en el arte de agradar a Dios y pensar en él primero.

Muchas veces nos acercamos a cantar mientras pensamos: ¿Qué vamos a sacar de esto? Yo mismo juzgué como bueno algún servicio por la bendición que recibí. Si es ese nuestro motivo, quizás logremos un buen rato de cantos, pero no una experiencia de adoración genuina.

Recordemos que para adorar se requiere un altar. Y un altar requiere de un sacrificio.

Si al adorar sentimos que no tenemos nada para ofrecer, recordemos las palabras de Abraham a su hijo, cuando subía a la montaña y cuestionaba a su padre diciendo: «Aquí tenemos el fuego y la leña; pero ¿dónde está el cordero para el holocausto?».

Abraham contestó: «El cordero, hijo mío, lo proveerá Dios».

Ninguno de nosotros es capaz de adorar a Dios del modo que él merece, pero cuando miramos hacia el altar de la cruz, Jesús nos puede dar la gracia para hacerlo.

Cuando nos dispongamos a adorar, ofrezcamos lo mejor que tenemos: un ser amado, un logro personal, el agradecimiento por un milagro. Presentemos lo peor que tenemos también: nuestras luchas, nuestra debilidad, nuestro pecado y nuestra espera, porque siempre vendrá la provisión de Dios para levantarnos y enseñarnos a amar de corazón.

EL LAVACRO.

La tercera parada en el tabernáculo es el lavacro. Los sacerdotes que debían entrar a cumplir su turno, debían lavar sus manos y sus pies antes de entrar en el Lugar Santo. Ese requisito (al igual que otros como la vestimenta sagrada, la unción de consagración, y otros) apunta a la separación que se demanda a los que sirven y adoran a Dios. Pero igualmente puede suponer la necesidad que tenemos los creyentes de ser limpiados de las cosas que estorban nuestro servicio a Dios; por ejemplo la culpa.

Jesús es el agua que limpia nuestras culpas y que nos imparte vida.
«¡Si alguno tiene sed, que venga a mí y beba! De aquel que cree en mí, como dice la Escritura, brotarán ríos de agua viva» (Juan 7:37).

¡Qué declaración tajante de la capacidad que posee Jesús de impartir su vida a los hombres!

La relación que Jesús tiene con la figura del agua va más allá; apunta al acto mismo en el que Dios nos separó para él, al lavar nuestros pecados con la sangre y la Palabra transmitida por Jesús. Eso significa que su sangre nos compra y nos perdona; y su Palabra nos da la libertad de conciencia para adorarle.

Pablo se refiere a este ministerio santificador cuando dice que Jesús ejerce una obra purificadora en su pueblo a través de la Palabra:

«Para santificarla limpiándola en el lavacro del agua por la Palabra». Efesios 5:26 (Reina Valera 1909).

EL AGUA Y NOSOTROS.

Hace algunos años, se me acerco una señora al final de un tiempo de alabanza. Su deseo era agradecerme por la forma en que la ministración la ayudaba cada domingo.

Lo que me resultó interesante fue que, según sus palabras, no era tan edificada por la música, ni por las canciones, ni por mi voz. Me dijo:

«Cada vez que vengo, noto que hay versículos que usted menciona, a veces entre los cantos o incluso en algunas ocasiones usted comienza a cantar la Biblia. Y sin excepción, las Escrituras cobran vida y recibo la dirección que busco de parte de Dios».

De este modo, me percaté de que la adoración congregacional es relevante debido a que, en medio de ella, Jesús toma la Palabra y embellece a su pueblo con su verdad. Cuando recordamos las promesas a sus hijos, la fe se levanta, el ánimo regresa y las personas se liberan de dudas y temores. Es Jesús el que ministra su Palabra en medio de la adoración y, como agua, limpia a su Iglesia.

> La adoración congregacional es relevante debido a que, en medio de ella, Jesús toma la Palabra y embellece a su pueblo con su verdad.

¡Busquemos el agua de vida que corre en medio de la adoración! No nos resignemos simplemente a cantar; descubramos mas bien el mensaje detrás de las letras y enfoquemos el corazón para escuchar a Dios por medio de la prédica, los cantos e incluso el silencio. Muchas veces el mensaje más poderoso viene al oído del corazón a través de la dulce voz del Espíritu Santo en medio de la quietud. Lucas volverá a este punto más adelante en el libro.

Recuerdo cuando a los veinte años fui visitado por la presencia de Dios. Volví a descubrir el poder transformador de las Escrituras al leerlas en mis tiempos solitarios de adoración. Las promesas cobraban vida, la Palabra confrontaba mi corazón y lo llevaba a un lugar de arrepentimiento.

Es de suma importancia que la palabra de Dios sea parte integral de nuestra experiencia de adoración. Debemos leerla, meditar en ella e incluso cantarla. Según Romanos 12:2, ella tiene el poder de cambiar el pensamiento del hombre.

Reflexionar sobre la Palabra nos ayuda a retener las verdades relacionadas con nuestra nueva identidad en Cristo. Eso es importante, si consideramos que la conciencia manchada por el pecado, o el recuerdo del pasado, es la mayor lucha que enfrentamos al adorar.

«Y nunca más me acordaré de sus pecados y maldades» (Hebreos 10:17). Esa promesa es parte del pacto que Dios hizo con nosotros en Cristo y debe ser parte vital de nuestra experiencia de adoración.

Cerramos la puerta a la culpa al llenarnos de la Palabra de Dios. Ahora nos encontraremos ante el trono de la gracia.

En camino
a su presencia

3

POR DANILO MONTERO

Al viajar por el mundo descubro mucha gente que puede disfrutar del acceso al Lugar Santísimo pero que no lo hace. Hay aun líderes cristianos que hablan de la adoración, pero su estilo de vida y lo que comunican con sus actitudes demuestra que no han pasado mucho tiempo de genuina adoración ante el trono de la gracia.

Por eso es indispensable seguir nuestro recorrido por el tabernáculo. En el camino hacia el Lugar Santo seguimos encontrando elementos que nos hablan a gritos de verdades celestiales, con repercusiones prácticas para nuestra vida terrenal.

El pan, la mesa y el candelabro

Estos elementos nos hablan de nuestro servicio y ministerio a Dios. En esencia, el Lugar Santo es donde los sacerdotes desarrollaban su culto a Dios.

Es un lugar que habla de camaradería y también, claro, de adoración.

Creo que en las últimas décadas se ha hablado sobre el «ministerio» o la «ministración» de un modo ambiguo. Por eso es bueno reflexionar acerca del significado original de esas palabras y lo que simbolizaba en el contexto del pueblo de Dios.

> Debemos entender que solo la gente que tiene un corazón hospitalario hacia su presencia puede aprender a adorarlo.

«En cambio, se acercarán para servirme los sacerdotes levitas descendientes de Sadoc, [...] Solo ellos entrarán en mi santuario y podrán acercarse a mi mesa para servirme y encargarse de mi servicio» (Ezequiel 44:15-16).

¿Alguna vez imaginaste servirle la mesa a Dios? ¿Sabías que ese es el primer ministerio que tiene todo ser humano?

Viene a mi mente cuando Abraham vio al Señor pasar frente a su tienda en el desierto, sin saber que se dirigía a juzgar a Sodoma y Gomorra. El patriarca lo detuvo y prácticamente lo obligó a pasar adentro para quedarse un rato con él.
La hospitalidad de Abraham lo llevó a ofrecerle agua fresca para beber, carne para comer, pan recién horneado, queso fresco, un lugar especial debajo de un árbol e incluso lo movió a lavar los pies de Dios.

¿Atender a Dios? ¿A quién se le ocurre?

Debemos entender que solo la gente que tiene un corazón hospitalario hacia su presencia puede aprender a adorarlo.

Nuestro tiempo de adoración personal y la reunión con nuestros amigos en el grupo de jóvenes debe convertirse en un tiempo para aprender a ser anfitriones de Dios.

Sobra decir que muchas veces acudimos a la reunión con la actitud de un cliente que llega exigiendo el menú en un restaurante. O como la persona que pasa por la estación de gasolina y lo único que dice es: **¡Lleno, por favor!**

Hace años, mi cuñado y yo fuimos a Chile a servir en una iglesia local durante diez días. Al final de nuestra estadía, el portero del edificio y su esposa nos invitaron a tomar algo en su casa que se encontraba allí al lado. Cuando llegamos, tuvimos que esperar un rato mientras ellos preparaban todo. Al abrirse las puertas del comedor, casi nos levantamos en el aire atraídos por la visión tremenda de una mesa llena de todo tipo de bocadillos.

Durante las próximas dos horas, conversamos, reímos y comimos. La mesa rebosaba de aperitivos que al ser degustados, abrían espacio a otra serie de platos. Algo para nunca olvidar.

Pero noté que la esposa del anfitrión era quien preparaba todo y, apostada junto a la puerta de la cocina, observaba cuando faltaba algo y de inmediato lo sustituía, trayendo más café, chocolate o bocadillos.

Hice la observación a nuestro amigo para que invitara a su esposa a unirse al grupo. Él me respondió:

«Hermano, por favor, dejemos que lo haga. Su felicidad es atenderlos a ustedes y asegurarse de que todo esté bien. Una vez saciados, vendrá junto a nosotros. Ella no lo hace por obligación, es un placer que no podemos negarle».

Creo que Dios conmocionó mi corazón con la actitud de esa hermana. Eso es «ministrar» a alguien.

La adoración es algo más que cantar; es volver al diálogo inicial que Dios planeó desde el principio. Es conversar con él mientras le servimos las mejores delicias que podamos.

El arca del pacto

Por siglos se ha especulado con respecto al arca del pacto. Los pueblos antiguos, y aun los modernos, la han buscado como uno de los tesoros más preciados de la historia humana. El arca del pacto seguramente era tremenda. El arca del pacto simbolizaba el mismo trono de Dios. Observemos su descripción:

Dos figuras de querubines resguardaban el cofre, en postura de adoración. Apostados sobre la tapa, indicaban que ese era un regalo especial. En aquel receptáculo, todo cubierto de oro, se encontraban las tablas de la ley dadas a Moisés, como recordatorio del carácter santo de Dios con el cual gobierna el universo. Las tablas tenían el propósito de ayudar al pueblo a disfrutar de la voluntad de Dios y marcar el camino a una relación con él. El arca hablaba de la excelencia y gloria de Dios, y se sabía que poseía una luz que emanaba de la misma presencia de Dios. Allí, en medio de los querubines, las tablas volvían a recordar que Dios había tomado la iniciativa para reconectarse con su pueblo. (Números 7:89) ¡Un indicio más de que Dios sigue buscando dialogar con nosotros!

2 Samuel 6:6-9 nos recuerda que el arca debía ser tratada con respeto, y que por faltar en cuanto a eso, Uza pagó con su vida por su temeridad.

No olvidemos que todo el santuario fue mostrado a Moisés en visiones, y le fue indicado como debía construir cada parte del tabernáculo, de acuerdo al modelo que está en el cielo, o sea, a semejanza de la casa de Dios (Hebreos 8:5).

> El trono de Dios, en donde su carácter santo se despliega y recibe honra, también es un lugar de misericordia.

Siendo así, entendemos por qué los profetas que vieron el trono de Dios, como Juan en el Nuevo Testamento, hablaron de querubines que rodeaban el trono y que declaraban constantemente su carácter diciendo: ¡Santo, santo, santo! (Apocalipsis 4:8,9).

Dicho de otra manera, el arca era un recordatorio físico para Israel de la presencia invisible de Dios en medio de ellos.

Más interesante aun es el nombre de la tapa del arca: propiciatorio. Según la Real Academia Española, quiere decir que tiene la virtud de hacer propicio.

Moisés tenía ordenes de que una vez al año, el sumo sacerdote debía entrar llevando sangre de un sacrificio y depositarla allí. Dios se declararía propicio hacia su pueblo, para que este se acercara. Con este acto adquiría otro nombre también: la silla de misericordia.

El trono de Dios, en donde su carácter santo se despliega y recibe honra, también es un lugar de misericordia. Por eso el mismo sitio es llamado arca del testimonio y lugar de encuentro.

En palabras del Nuevo Testamento, el arca sería el lugar de reconciliación.

Vemos a Dios ofreciendo un lugar y un lenguaje en común: milagro de milagros. En ese lugar convergen la santidad de Dios y los humanos reconciliados. El cielo y la tierra se encuentran por medio de la misericordia divina.

Este es el sitio de adoración ante el que dejamos nuestro servicio, nuestra tierra, nuestra vida y entramos en lo más íntimo de la casa de Dios.

¡Quién lo diría! Los seres humanos fuimos invitados a contemplar a Dios y a conversar con él.

No solo Moisés conversó «cara a cara» con Dios. David también nos dice: «Una sola cosa le pido al Señor, y es lo único que persigo: habitar en la casa del Señor todos los días de mi vida, para contemplar la hermosura del Señor y recrearme en su templo» (Salmo 27:4).

La versión Reina Valera apunta a un detalle más: «Para inquirir en su templo».

Inquirir quiere decir examinar algo cuidadosamente, indagar, averiguar.

Lo decimos, pero hablando en serio: ¿Será posible que la adoración sea algo más que cantar? ¿Puede ser que haya algo tan sublime en ese recinto sagrado que provoque a un hombre llegar a desear solo eso?

¿No será nuestro desgano por adorar a Dios un síntoma de la trivialidad con que tratamos su presencia?

Dos cosas para hacer en la presencia de Dios

Se hace evidente que para el pastor que llegó a ser rey existían dos cosas por realizar en la presencia de Dios.

Primero, contemplar:

Hace años pude visitar Madrid por primera vez y pasar unas horas en el Museo del Prado. Allí encontré un tesoro incalculable de manifestaciones de arte que recorren prácticamente la historia misma del hombre. Muchos de los grandes maestros están allí, hablando todavía, a través de sus pinturas.

Soy un estudiante de historia del arte, entonces imaginarán la clase de experiencia que significó esto para mí.

En algunos momentos me detenía y por largo rato quedaba parado frente a uno de los óleos que hicieron historia. Mirando de lejos, mirando de cerca. Fascinado por el uso del color; impresionado por la técnica tan precisa que con aceite, brocha y pigmento, lograba representar las cosas del mundo verdadero casi fotográficamente.

Eso es contemplar.

Contemplemos a Dios cuando adoramos. No nos apuremos a terminar de cantar para sentarnos. Tomémonos un tiempo para ser llevados por Dios, que anhela mostrar a los ojos de nuestro corazón los colores de su carácter y la composición de su justicia y verdad.

Los coloquios que producen cambios:

La segunda cosa que David hacía era inquirir. Los salmos están llenos de preguntas, quejas, gritos, llanto y risa. Son conversaciones profundas, sinceras, hasta francas, con Dios.

El salmo 91 mismo es un ejemplo de esa comunicación de doble vía en que la adoración se lleva a cabo. Mientras que todo el salmo es una exaltación que Moisés hace de Dios, los versículos 14 al 16 parecieran sugerir que Dios mismo interrumpe el canto para decir algo.

> El Lugar Santísimo es el sitio en el que Dios manifiesta su gloria. En ese lugar, que hace temblar a los ángeles, nosotros somos invitados a dialogar. ¡Qué privilegio!

La adoración puede incluir un cántico a Dios, pero, más que nada, se resume en conversar con él. Cuando adoremos a Dios, esperemos escucharlo hablar. Preguntemos, traigamos dudas, derramemos nuestro lamento, expresemos nuestro enojo y pidamos su consejo.

De paso, es bueno recordar que cuando los hombres dialogan con Dios, cambian. Muy a menudo terminan haciendo cosas extraordinarias, a veces extrañas para los otros humanos. Pero siempre tienen como resultado develar el carácter de Dios.

Así Noé construyó un arca en tierra seca. Abraham dejó la ciudad más importante del momento para moverse al desierto, seducido por la promesa de un hijo, una tierra, un pueblo numeroso, pero más aun, la aventura de ser amigo de Dios. Moisés dejó palacios cargados de marfil, sirvientes y lino caro, por un par de sandalias, una vara de pastor y una esposa de familia nómada. Pedro dejó las redes que le daban el sustento diario para caminar con aquel que no tenía dónde recostar su cabeza. Y Pablo dejó su ciudadanía y su posición de respeto por una cárcel y un cepo... ¡pero no dejó de adorar solo a aquel que es digno, aun en las peores circunstancias!

En el caso de Moisés, el libertador de Israel, las conversaciones con Dios se iniciaron con el fuego de un arbusto en el desierto y se repitieron en los momentos y escenarios más diversos. Esos coloquios divinos le dieron valor para enfrentar al mismo Egipto, hicieron de él un líder bizarro ante el mar Rojo y los pueblos hostiles; y hasta lo llevaron a subir un monte que hervía con fuego santo, embelesado por la voz del Eterno.

El Lugar Santísimo es el sitio en el que Dios manifiesta su gloria. En ese lugar, que hace temblar a los ángeles, nosotros somos invitados a dialogar. ¡Qué privilegio!

Dios nos invita a mantener esas conversaciones que hicieron del Edén el cielo y anhela que cada generación no se pierda de disfrutar de esta invitación.

¿Qué hay de estilos, ondas y sonidos?

4

POR EMMANUEL ESPINOSA

Estaba sentado en el pequeño auto rojo de Jesús Cruz, frente a nuestra iglesia. Era el día de ensayo y *Chuchi*, como le decimos cariñosamente, acababa de llegar de un congreso desarrollado en el norte de México y traía el nuevo casete de Marcos Witt: «Tu y yo». Al ponerlo se escucharon los aplausos de miles de personas, los palillos del baterista tocaban «1, 2, 3, 4... » y comenzó un ritmo que en menos de tres segundos nos había atrapado. No importaba si nuestros gustos musicales coincidían o no con el estilo de esa canción, hacía por lo menos que moviéramos el pié. En mi iglesia ya habíamos comenzado a practicar la adoración congregacional, pero este *estilo* era diferente. Era música que podíamos poner en el auto y subir el volumen. Eran canciones acerca de Dios, pero ejecutadas de una manera sencilla, clara y con un sonido nuevo y actual.

¿Se debía a la impecable producción y mezcla de sonidos de César Garza? ¿O era el carisma de Marcos Witt y las excelentes canciones de Juan Salinas? Hago estas preguntas porque se decía que esas eran las razones del éxito de esa grabación. Para ese entonces, no conocía a ninguna de las personas que habían trabajado en ese disco, así que no estaba al tanto de los detalles sobre el modo en que nacieron las canciones o como se había realizado la producción musical; pero algo que sucedía cuando escuchaba esas canciones: me ayudaban a encontrarme con Dios. Sinceramente, yo no era muy espiritual que digamos. Aunque participaba en la iglesia y tenía un sincero deseo de cambiar, no oraba con constancia y mis encuentros con Dios eran muy esporádicos. Pero esas canciones me hacían volver la vista a Dios. Comencé a entender un poco más de

> Aunque participaba en la iglesia y tenía un sincero deseo de cambiar, no oraba con constancia y mis encuentros con Dios eran muy esporádicos. Pero esas canciones me hacían volver la vista a Dios.

qué se trataba el amor de Dios, y no existía otra música que me hiciera sentir eso. A veces ponía ese u otros discos similares tan solo para escuchar lo buena que era esa música, pero casi siempre terminaba deseando conocer más a Dios. Otra cosa que descubrí fue que muchas de esas canciones tenían letras tomadas casi literalmente de los Salmos, y esto se sumaba también a la sorpresa de ver lo ricas y poéticas que eran las personas que expresaban su amor a Dios desde hacía miles de años. Esto ocurrió en 1990. Yo tenía quince años y resultaba totalmente nuevo para mí.

Estoy seguro de que un gran porcentaje de personas han tenido experiencias similares con alguna canción. Lo curioso es que por más verdadero que haya sido nuestro encuentro, probablemente la misma canción no tocará a otras personas de la misma manera en que sucedió con nosotros. Un ejemplo: Mis papás conocieron a Jesús mucho antes de que yo naciera y eso definitivamente marcó a mi familia para siempre. Una de las razones por la que mis padres llegaron a la iglesia fue porque a mi mamá le encantaba la música. Una vez dentro de la iglesia, le gustaron tanto las canciones que decidió regresar; y al poco tiempo aceptó a Jesús. ¡Cuanto le agradezco a Dios por la música de esos tiempos! Pero hoy en día no puedo utilizar el mismo tipo de canciones que tocó a mis padres en la década de los sesenta para alcanzar a mi generación. La música que tuvo mucha relevancia para mis papás en su juventud, o para mí en mi adolescencia, no es la misma que mueve las fibras de los adolescentes de hoy. Actualmente un chico de diez y seis años no quiere saber de la música de principios de los noventa, porque probablemente le suene «muy vieja». En este momento se pueden aceptar sonidos de los años setenta y ochenta por la onda retro, pero ¿de los noventa? Puede ser un poco anticuado.

Así como en toda Latinoamérica tenemos diferentes paladares en cuanto a gustos de comidas (asado, pupusas, bandeja paisa, salteñas, tacos con picante, gallo pinto, arepas), también existen diferentes paladares musicales (baladas, rancheras, cumbia, rock, salsa, merengue, rap, pop, hip-hop) que se han definido por la cultura y el entorno.

Mis hijos comen dulces y golosinas con picante. Cuando lo hacen respiran agitadamente por la boca, les sale cierto liquido por la nariz y buscan algún vaso de agua, pero no dejan de comer sus «dulces» hasta que se acaban. Yo no me había dado cuenta de que para muchos eso era algo extraño (¿chile con dulce?), hasta que comencé a viajar a otros países y entonces ví que la mayoría de las personas comen sin picante, sin tortillas y sin frijoles (eso sería NO comer en México, pues el noventa y nueve por ciento de nuestras comidas deben estar servidas con esos acompañantes). Cultura diferente, gustos diferentes. En el asunto de la música, el peligro aparece cuando ponemos nuestros gustos musicales como si fueran la voz de Dios y prohibimos cambios porque: «Así no es la música que Dios usó para alcanzarme a mí», o «Eso no me gusta, así que no es de Dios…».

Históricamente se cree que antes del siglo IV, la iglesia perseguida cantaba en una variedad de sonidos monofónicos basados en influencias griegas y hebreas. Imaginemos algo semejante a los cantos gregorianos. En la Edad Media y el Renacimiento, la música tomó nuevas alturas con los talentosos compositores de la época, pero se hizo tan complicada que la iglesia quedo «afuera» del movimiento ya que solo se volvió espectadora de las increíbles obras musicales y corales[1].

Entonces se levanto Martín Lutero y los reformadores, que querían transformar el mensaje de Dios, haciéndolo accesible a la gente en lugar de predicarlo solamente y transmitirlo en latín (el alemán era el idioma del pueblo para Lutero). Así que entre todas las cosas que ellos hicieron, también comenzaron el movimiento «pop», bueno, mejor dicho «popular» en la música. Consistía en hacer canciones que ayudaran a la gente a dirigirse a Dios en lugar de solo ver a otros hacerlo. Los contemporáneos de Lutero lo criticaban por «bajar de nivel» a la música sacra, pero hoy vemos los resultados del atrevimiento de aquel joven. Podemos imaginar por qué la mentalidad de «si resulta, dejémoslo así» o «ese estilo es muy moderno» se haya desarrollado en la iglesia.

En una ocasión alguien me pregunto:

— ¿No tienes miedo de que en los conciertos la gente se emocione? Es que el rock te hace despertar inquietudes e inconformidades... y... mmm... pues... también... eh...

Me di cuenta de que no se atrevía a decir la palabra así que le ayudé:

— ¿Rebeldía?

— Exacto —respondió mientras abría muy grandes los ojos.

— Primero —le respondí— las emociones nos las dio el Señor y podemos usarlas. Sí, nos emocionamos en los conciertos de Rojo, pero eso no constituye el clímax de los conciertos. Si ese fuera el propósito del concierto, entonces sería una pérdida de tiempo para la gente y para nosotros. Yo no quiero que se emocionen por lo que Rojo haga o no haga, sino que se emocionen por conocer a Dios. Ser jóvenes también nos lleva a mostrar inconformidad con respecto a las situaciones que vivimos. Pregúntale, si quieres, a tus padres sobre su juventud. Esto demuestra un deseo de cambio. Qué mejor que encausar toda esa energía, pasión, inconformidad y voluntad de cambio hacia un conocimiento de Jesús, a vivir para él y darlo a conocer.

Hemos puesto tanto énfasis en decir que no somos «de este mundo» que se nos olvida que estamos en él, y hay gente con necesidades alrededor de nosotros a la que les urge conocer acerca del amor de Dios, y para muchos la mejor manera de entenderlo es con la música.

En realidad estamos en el mundo pero *no somos* del mundo. Y hemos puesto tanto énfasis en decir que *no somos* que se nos olvida que *estamos*, y hay gente con necesidades alrededor de nosotros a la que les urge conocer acerca del amor de Dios, y para muchos la mejor manera de entenderlo es con la música. Hace poco leí en una encuesta de la RIAA (Recording Industry Association of America) que los jóvenes consideraban la música como un factor de influencia mayor sobre su vida que los textos escolares o sus padres[2]. Sí, son otros tiempos.

Si en lugar de reñir por «comprobar» qué música es o no es de Dios, nos enfocáramos en saber que la música es única y simplemente un *medio* para comunicar, entonces podríamos llegar a más personas y tener misioneros musicales en nuestras ciudades. Los estilos pueden, deben y van a cambiar, pero el mensaje central del amor de Dios no.

LOS SALMOS, HIMNOS Y CÁNTICOS ESPIRITUALES

Colosenses 3:16 habla de animarnos unos a otros y de adorar a Dios de estas tres diferentes formas:

Los salmos

Son oraciones puestas en canción. Alabanzas y exaltación a Dios por lo que ha hecho. Expresiones de la confianza que tenemos en Dios. Alegrías, tristezas, dudas expuestas a Dios. Agradecimiento por la salvación. De manera preciosa e increíble, los Salmos expresan lo que hay en lo más profundo del corazón. Son una constante oración que surge al ser conscientes de la presencia y amor de Dios y reconocerlo y honrarlo en todo lo que hacemos. Eugene H. Peterson explica: «Tendemos a pensar que la oración es lo que hace la gente buena cuando está portándose bien. No es así. Por falta de experiencia, suponemos que hay un "código secreto" que debe ser adquirido antes de que Dios tome nuestra oración en serio. No es así. La oración se hace con lenguaje elemental, no avanzado. Es la manera en que nuestro lenguaje es sincero, verdadero y personal en respuesta a Dios. Es la manera en que exponemos todo lo que tenemos en nuestra vida delante de Dios»[3].

David, Moisés, Asaf, Hemán, los hijos de Coré, Salomón y otros, escribieron los 150 Salmos que están en la Biblia desde hace miles de años, pero son escrituras que podemos utilizar hasta el día de hoy cuando se nos acaban las palabras al expresarnos delante de Dios.

Muchas de las canciones que cantamos hoy en día son adaptaciones de los Salmos a nuestro tiempo y cultura. En todas partes del mundo Dios está despertando nuevos salmistas. Gente que le pone a los Salmos música actual para las personas de este tiempo, o personas que al estar muy conectadas con Dios escriben lo que Dios les da. Producen canciones llenas de Jesús que dan arranque a nuestros motores de agradecimiento y de glorificación a Dios. Estoy seguro de que Dios no les encomendó esa tarea solamente a Jesús Adrián

Romero, Juan Salinas y Martin Smith. En el despertar que ha estado llegando a nuestros países, Dios también está despertando a músicos, artistas y salmistas. «El tiempo de la canción ha llegado» (Cantares 2:12).

Si tenemos un salmista entre nuestras filas, animémoslo y cantemos sus canciones en las reuniones de jóvenes. Generalmente, el temperamento melancólico de un artista no le va a permitir andar promoviendo sus canciones entre la gente conocida (es preferible que algún desconocido de otro lugar le diga «tu canción es horrible» a que alguien de su iglesia a la que va a ver el siguiente domingo se lo haga saber), así que preguntémosle si está componiendo. Si nos dice que no, recomendémosle o regalémosle algún buen libro que nos haya inspirado y a las dos semanas preguntémosle de nuevo. El interés que pongamos en esta persona lo incentivará a explorar más la posibilidad de componer canciones.

Nota: No todos los escritores de canciones son cantantes. Por ejemplo Juan Salinas y Saúl Morales no se consideran cantantes, pero han escrito gran parte de las canciones más cantadas en Latinoamérica en los últimos quince años. Así que si este chico nos enseña la canción pero no canta muy bien, no significa que la canción sea mala. La prueba será si al enseñarla en la reunión la gente la canta y les ayuda a adorar a Dios.

Si nosotros somos los salmistas, ¡atrevámonos a componer! Es cierto que si la canción no es buena, estaremos a merced de otros que nos darán su opinión o simplemente no la usarán, pero eso es bueno porque nos ayudará a mejorar. A mi me encanta escribir, pero la gran mayoría de las canciones que hago son malas, o sea no sirven para cantar en la congregación o grabarse. Pero está bien, porque entonces aprendo cómo *no* se deben hacer. Un consejo: No nos enamoremos de nuestras creaciones al grado de no poder soltarlas; si no sirven, no sirven y listo.

Los himnos

Que preciosa herencia nos han dejado los artistas de las décadas y siglos pasados. Lutero, Watts, Wesley son personas que compusieron la mayor parte de la música que encontramos en los himnarios de nuestras iglesias. En el siglo veinte, Andrae Crouch («A Dios sea la gloria», «Cristo es la respuesta»), Bill Gaither («Me ha tocado», «El Rey ya viene») y autores latinoamericanos como Juan Romero («Visión pastoral» conocida como «Las cien ovejas»), Juan Isais («Te vengo a decir») y muchos otros, realizaron la música que tocó a nuestros padres o a nuestros abuelos. Hay muchos himnos con una poesía preciosa que son de testimonio, de salvación o que pueden ayudarnos a adorar y acercarnos a Dios. Por ejemplo: «Santo, santo, santo», «No hay Dios tan grande como tú», «Aun más cerca».

No cerremos la puerta a estos tesoros solo porque son de «otro tiempo». Si no contamos con un himnario en nuestra iglesia, consigamos uno y pidamos a los hermanos mayores de la iglesia que nos los enseñen. Expandamos nuestro vocabulario musical y redescubramos estas canciones que Dios inspiró a jóvenes y adultos de generaciones pasadas. No nos vamos a arrepentir.

Los cánticos espirituales

Entre los varios significados y enseñanzas que se pueden sacar de las «canciones espirituales» o «canto del Señor» hay uno que es «canción nueva» o «cántico nuevo». Es en esas ocasiones cuando nos llega una revelación o «nos cae el veinte», como decimos en México, y vemos a Dios de una manera diferente, más clara, más oportuna para el momento que estamos viviendo. A veces expresiones que hemos usado en miles de ocasiones como «gracias», «eres Señor», «te adoro» cobran un significado más personal en un instante. La música es un medio que nos ayuda a comunicar mejor, y por eso podemos utilizarla y cantarle a Dios cualquier cosa que brote de nuestro corazón. Recordemos que todo lo que podamos hablar, también lo podemos cantar. Los padres saben que los niños son compositores casi desde el momento en que comienzan a hablar. Pueden poner muy fácilmente en canciones la «revelación» que van teniendo de la vida. Ellos pueden componer canciones sobre los pájaros, sobre el perro, sobre mamá y papá o sobre un juguete. Son espontáneos, creativos y sin miedo al «qué dirán».

Al hacernos adultos no deberíamos apagar esa chispa. En nuestras devociones personales o cuando dirigimos la alabanza en la iglesia, aunque no seamos cantantes... ¡cantemos! Aunque no seamos compositores, inventemos una canción, porque así como orgullosamente ponemos en la puerta del refrigerador el dibujo que nuestro hijo hizo en la escuela, exponiendo su gran obra de arte (al menos ante nuestros ojos), Dios también sonríe y se alegra cuando ve a su hijo haciendo esos «garabatos» de amor. Él no se puede resistir a eso y viene a nuestro encuentro para abrazarnos y hablarnos.

Recuerdo que una mañana me levanté, leí algunos salmos y comencé a mirar hacia el pasado de mi vida, observando lo bueno que había sido Dios, y comencé a cantar:

Te alabaré, te glorificaré
Te alabaré mi buen Jesús

No sabía si había escuchado esa canción antes, así que la seguí cantando. Después de repetirla varias veces empecé a decirle al Señor:

Eres tú la única razón
De mi adoración, oh Jesús.
Eres tú la esperanza que
Anhelé tener, oh Jesús.

Entonces me di cuenta de que se trataba de un «cántico nuevo». No había sido ensayado. Esa mañana no me levanté con el plan de escribir una canción, pero esa revelación de la fidelidad de Dios en mi vida la hizo surgir espontáneamente. Saqué la Biblia en uno de los Salmos que había leído y agregué el resto de la canción:

Confié en ti, me has ayudado.
Tu salvación me has regalado.
Hoy hay gozo en mi corazón,
Con mi canto te alabaré[4]

Esa canción estuvo guardada por casi un año, solo la cantaba en mis devocionales privados. Un día, en un estudio de grabación estaban escogiendo las canciones para el nuevo disco de Danilo. Me preguntaron si había escrito alguna canción recientemente que se pudiera agregar y me atreví a enseñarles el «cántico nuevo» que había nacido meses atrás. Nunca pensé que Dios usaría esa canción para bendecir a tantas personas y para recordarnos de su fidelidad y bondad.

Hay canciones nuevas que Dios nos quiere dar. Quizás no en todos los casos se grabarán o cantarán en la congregación; tal vez en algunas ocasiones sean dos o tres frases que solo usaremos en nuestra devoción personal. Pero el simple hecho de ejercitar nuestro espíritu para cantarle a Jesús y dejar fluir ese amor en lugar de detenerlo por nuestras supuestas «carencias» nos ayudará a entrar en otros niveles de adoración a Dios.

La adoración personal, en células y grupal

La adoración personal es enriquecedora. Generalmente en esos momentos a solas con Dios es cuando él nos habla de manera íntima, pero también puede hacerlo de forma grupal. Por ejemplo, en células o grupos pequeños también se puede lograr mucha intimidad. Generalmente estamos entre amigos, sabemos qué cosas están viviendo, y conocemos a la mayor parte de su familia. No hay micrófonos, ni equipos de sonido, ni una banda que respalde ni que distraiga. Los gritos de júbilo o los «solos» de guitarra no encajan demasiado en una situación así, ya que la atmósfera es diferente. Para mantener estos tiempos de adoración frescos, podemos llevar un pandero y pedir a alguien que sepa aplaudir con ritmo que lo toque. Tengamos cuidado al escoger las canciones y el tono en el que las cantamos. Quizás en la reunión de la iglesia podamos dirigir algunas canciones con notas altas ya que trescientas personas pueden subir la voz animándose al cantar con una multitud, acompañados por un equipo de sonido y más instrumentos musicales. Pero al traer esas canciones a los grupos pequeños, las ocho personas presentes no participarán de la misma forma. Lo bueno de la adoración en estas células es que son más espontáneas y si cometemos algún error de tono o de canción simplemente lo corregimos sin que nuestro rostro se sonroje.

No debemos confundir la adoración congregacional, conformada por muchas personas, con la adoración personal. Hay directores de alabanza que usan la adoración congregacional como si fuera su tiempo devocional con Dios y cada domingo le piden perdón a Dios por sus pecados del fin de semana, renuevan promesas y lloran casi todo el tiempo de la música, mientras la gente en la congregación resulta espectadora del monólogo del director de alabanza. Si somos los que dirigimos, hablemos con quién dará el mensaje para que las canciones vayan en armonía con el mensaje que él dará. Podemos, también, agregar alguna canción sobre lo que Dios nos habló en nuestro momento de adoración personal o en una célula esa semana.

Hay directores de alabanza que usan la adoración congregacional como si fuera su tiempo devocional con Dios.

Nunca olvidemos que muchas personas vienen de atravesar una semana con las responsabilidades y los desafíos cotidianos de la vida, y a veces con cargas extra. Quizás esa semana algunos no pudieron asistir a una célula o no leyeron la Biblia como habían planeado, así que recordémosles del Dios de gracia que nos ama tal como somos y que tiene los mejores planes para nosotros y nuestras familias.

Los músicos deben ensayar más, sin descuidar el ser espontáneos. A veces alguna canción se repetirá más veces de lo ensayado o quizás se ligue con otra que se cantó dos semanas atrás. Debe haber orden, por supuesto, pero hay momentos en que Dios comienza a hablar de una manera específica y, como miembros de un *equipo* de alabanza, debemos saber fluir en su voluntad. Por favor, no seamos como algunos músicos que he visto, que dejan de tocar cuando el líder de alabanza decide extender el final porque «así no lo ensayamos». Los músicos deben adorar al Señor con todo el corazón, pero también, mantener un ojo en el líder para ver sus indicaciones.

La música en la congregación debe ayudarnos a adorar, a despojarnos, entregarnos a Dios y enfocarnos en él. Recordemos que no estamos en un concierto, tratando de demostrar nuestras capacidades. En esto debemos ser muy prácticos. Una vez un chico me comentó cuánto lo desesperaba que el pastor no lo dejara cantar las canciones de Rojo con los arreglos originales del álbum en las reuniones dominicales. Así que le pregunté: «¿Qué porcentaje de adultos, jóvenes y niños hay en tu iglesia?» Me respondió: «Más o menos setenta por ciento de adultos, y el otro treinta por ciento de jóvenes y niños». Así que le dije: «Entonces el pastor tiene razón ¡Baja el volumen y la distorsión de la guitarra si eso está evitando que muchos se concentren en Dios!»

En una congregación hay muchas personas de diferentes edades, así que utilicemos los instrumentos adecuados. Es de suma importancia tener presente que el equipo de alabanza concurre a la iglesia a servir y no a ser servidos, así que cooperemos y ayudemos a que la gran mayoría tenga un encuentro especial con Dios, tan especial que los incentive a tomar buenas decisiones en su vida espiritual, emocional y física durante esa semana.

Por ultimo, nunca olvidemos que cuando estamos juntos adorando al Señor hay bendición y vida eterna (Salmo 133). Experimentamos un poder grandísimo cuando estamos unidos declarando la fidelidad y las grandezas de Dios. No se trata de «cantar mientras llega la gente». Es un privilegio enorme el que tenemos así que no lo tomemos a la ligera.

No nos desenfoquemos

No importa en qué lugar esté ni cuantas personas hayan, si estoy al frente dirigiendo y tratando de ayudar con la música a las personas en su adoración a Dios, siento que mis sentidos se ponen más alerta. Aunque haya miles de personas, puedo notar quién está cantando y quién no. Puedo ver cuando alguien está enfadado o indiferente, cuando alguien bosteza o va al baño. Noto a aquellos que tienen los brazos cruzados y la mirada desafiante, como diciendo «bendíceme si puedes». Veo a los que participan con todo el corazón y a los otros que se dedican a observar qué peinado trae la hermana Gertrudis. Pero, además, debo atender al cien por ciento las letras de las canciones, tocar un instrumento y, por sobre

Cuando uno está en la plataforma y ve que la gente está distraída y estresada por cuestiones de trabajo o personales, definitivamente ayuda mucho el recordar quién es Dios.

todo, evitar que mi adoración sea de la boca para afuera. En medio de todo eso, mi gran interés es que la gente responda y pueda adorar a Dios con todo el corazón. Sí. Es importante que la gente *responda*, pero la pregunta aquí es *¿a qué* están respondiendo?

Cuando uno está en la plataforma y ve que la gente está distraída y estresada por cuestiones de trabajo o personales, definitivamente ayuda mucho el recordar quién es Dios y quiénes somos en él. Entonces, una escritura nos ayuda a quitar el enfoque de nuestra persona y poner el foco en Dios. Pero, ¿qué pasa cuando eso no resulta? O si la canción del momento no produce el efecto que esperábamos? Es entonces cuando empezamos con los famosos «den un grito de júbilo», «repitan después de mí», «¿cuántos dicen amen?», «salta para Cristo» u otra frase hecha. No me malinterpreten. Estoy de acuerdo en usar herramientas que nos faciliten la posibilidad de ayudar a la gente a tener un encuentro con Dios, pero ¿medimos las cosas por los aplausos que haya al final de la canción? ¿Sacamos el «llorímetro» para ver si la adoración resulto exitosa (cuantas más personas lloren, tanto mas poderosa habrá sido la adoración)?

A veces nos preocupamos demasiado de que la gente responda como esperamos, y terminamos olvidando que no todos responden de la misma manera y que en definitiva la adoración no tiene que ver con los resultados que nosotros esperamos sino con los que espera Dios. La verdadera adoración no es tanto lo que sucede en ese tiempo de adoración en la iglesia, sino lo que hacemos *después*.

Lo que sucede es que cuando se es músico resulta fácil adorar la música y olvidar que el foco es Dios y no la reunión ni la música. Sí, debemos hacer producciones musicales y artísticas con excelencia, pero solo Dios es digno de nuestra verdadera adoración.

---

[1] Getting started in Christian Music [Còmo iniciarse en la música cristiana] Harvest House Publishers.

[2] riaa.com

[3] Comentario de los salmos en The Message: The Bible in Contemporary Language. NavPress.

[4] «Te alabaré mi buen Jesús» escrita por Emmanuel Espinosa. ©1997. CanZion Producciones.

La adoración del futuro

5

POR EMMANUEL ESPINOSA

Al momento de escribir este capítulo acaba de terminar el Súper Tazón XL. En Estados Unidos el fútbol americano es uno de los deportes con más audiencia, y el Súper Tazón es la gran final. Según la NFL, este suceso atrae a cientos de millones de espectadores alrededor del mundo. Es tan popular, que las compañías deben pagar dos millones de dólares para poder pasar una publicidad de treinta segundos. A la mitad del Súper Tazón, siempre se invita a un músico. Esto ayuda a relajar las tensiones por todo lo que será definido en un solo partido. La última vez fueron los Rolling Stones los invitados.

Crecí escuchando la música que mis hermanos mayores y mis padres escuchaban, pero los Stones no eran parte del repertorio en casa. Aparte de los documentales que había visto sobre ellos, no conocía mucho de su música. Así que estaba expectante de escuchar por primera vez sus canciones completas.

En los doce minutos de participación que tuvieron casi no pude parar de reír. No me estaba burlando, sino que simplemente no podía creer que esa fuera la música de los «rebeldes» de los años sesenta. Elvis y los Beatles, considerados un escándalo en su tiempo por «demasiado locos», ahora nos parecen «suaves y agradables». Cuando escucho la música de la época de mis padres y la comparo con la música que me gusta escuchar a mi, no puedo evitar pensar: «¿Qué irán a escuchar mis hijos dentro de veinte años?»

Algunas personas se asustan pensando en cómo será la iglesia dentro de pocos años. Dicen de los jóvenes: «¡Mira el modo en que se visten... mira lo que les gusta! ¡Son unos rebeldes! ¡No tienen dirección!»

Pero hay una nueva generación de chicos y chicas que con otra apariencia y distintos estilos están predicando de Jesús claramente a su generación. (Muchos expertos han escrito libros que nos ayudan a ver esto de una manera mas clara y nos llevan a entender que Dios está levantando una nueva generación de líderes y siervos; no deben faltar en nuestra biblioteca personal, por ejemplo «Viene David» de Lucas Leys y «La Generación Emergente» de Júnior Zapata).

> En medio de los cambios y de lo que acontece en todo el mundo, Dios no pierde el control y seguirá usando gente por su gracia y misericordia.

En medio de los cambios y de lo que acontece en todo el mundo, Dios no pierde el control y seguirá usando gente por su gracia y misericordia. Así como Dios nos usa a nosotros «a pesar de como somos», también Dios usará a chicos y chicas atrevidos que están apasionados por él y que tienen compasión de la gente.

«Mis planes para ustedes solamente yo los sé, y no son para su mal sino para su bien. Voy a darles un futuro lleno de bienestar».
Jeremías 29:11 (BLA)

Dios está al pendiente de nuestro futuro. El Salmo 139 dice que él supervisa cada fase de nuestra formación. Es a él a quien le interesa nuestra vida y nuestro futuro. Podemos levantar la cabeza, ver el cuadro global (no solo nuestros pequeños planes y agendas), respirar profundo, y ver que Dios está movilizando a su cuerpo, de todas las edades, a realizar cosas para él y a no ser solo espectadores, sino parte de su movimiento.

Esta generación hará cosas que las otras generaciones no han hecho. No porque sea «mejor» que la generación anterior, sino porque estamos en otro tiempo de Dios.

Una vez escuché a un predicador decir que nos convertimos en adoradores de un mover de Dios específico. Generalmente, al mover en el que conocimos a Dios le hacemos un monumento y no queremos saber nada más sobre lo nuevo que Dios está haciendo.

Yo creo mucho en mi generación y veo un futuro brillante y lleno de emoción. Esta generación hará cosas que las otras generaciones no han hecho. No porque sea «mejor» que la generación anterior, sino porque estamos en otro tiempo de Dios. Lo que otras generaciones sembraron hasta con su misma vida, ahora dejará ver sus resultados. ¿Cómo no vamos a estar expectantes del futuro? Dentro de este futuro emocionante hay cosas que decididamente van cambiando y debemos ser parte de ellas también.

Los mentores y consejeros

En la vida hay dos maneras de aprender: una es a través de nuestra propia experiencia. Y la otra dejándonos guiar por mentores o consejeros; es decir por la experiencia de otros. Estoy convencido de que muchos de los errores que cometemos suceden por ignorar algún consejo.

Deberíamos aprender siempre de los errores de otros; ellos ya pagaron con un precio lo que saben y conocen y si *escuchamos* con atención, nos pueden ahorrar una gran parte de sufrimiento en la vida. Por eso no se trata de «ancianos contra jóvenes» o «jóvenes contra ancianos». Los jóvenes deben escuchar y aprender de los mayores, tanto como ellos pueden inspirarse y también aprender de los jóvenes.

Josué tuvo a Moisés; Eliseo a Elías; Timoteo a Pablo. No desaprovechemos la oportunidad de tener un par de buenos consejeros. Dios nos hablará a través de ellos.

Disposición a pagar un precio

Vivimos en un tiempo en el que todo es urgente, a tal punto que a veces decimos: «Si Dios me va a usar, vale más que se apure porque tengo planes». Aunque se avecina un futuro emocionante, debemos saber que solo vendrá con un costo.

En la parábola de los talentos (Mateo 25:14-30) aprendemos que a los que son fieles con lo que tienen, se les dará más, y a los que no usan bien lo que se les ha dado, lo poco que tengan se les quitará. Dios quiere ver si estamos dispuestos a ser *usados* por él en lo pequeño y en lo secreto. Recién entonces él nos dará más responsabilidad. Un buen consejo es que comencemos con las «zorras pequeñas». Por ejemplo, si no tenemos tiempo para leer más, entonces miremos menos televisión; si no tenemos tiempo para practicar más nuestro instrumento musical, entonces no salgamos tanto con nuestros amigos el fin de semana; si no tenemos tiempo para estar con Dios a solas, entonces hablemos menos por teléfono o naveguemos menos por Internet. Adoptemos estas cosas prácticas. Paguemos el precio. Nada es gratis.

Recuperación de las artes

Dios no está en contra del arte. Él es el artista por excelencia. Lo que pasa es que cuando el enemigo utiliza una determinada expresión artística, enseguida se la adjudicamos a él y se la prohibimos a los jóvenes. Pero *nada* de lo que existe es del diablo sino de Dios. Colosenses 1:16-17 (RVR60) dice: «Porque en él fueron creadas todas las cosas, la que hay en los cielos y las que hay en la tierra, visibles e invisibles; sean trono, sean dominios, sean principados, sean potestades; todo fue creado por medio de él y para él. Y él es antes de todas las cosas, y todas las cosas en él subsisten».

¡Cómo me inspira el libro «La generación emergente» de Júnior Zapata! Una de las cosas que Júnior comenta es que la iglesia estaba a la vanguardia de las artes, hasta que «*de forma gradual, los íconos (las estatuas, pinturas de Jesús y otros símbolos cristianos) se convirtieron en objetos tan importantes para algunos adoradores que los llegaron a igualar a la oración y la fe. La gente empezó entonces a orar a estos íconos y a esperar milagros de ellos*». Entonces entró Lutero en escena, con el movimiento de La Reforma, condenando la idolatría. Sin querer, nos apartamos del arte, porque separarse del arte (que la gente utilizaba para idolatría) significaba separarse del mundo.·

Pero hoy en día, Dios está levantando en todos los países artistas que utilizan el arte como *medio* para expresar la grandeza de Dios. ¡Vamos mis artistas, se viene lo bueno!

El músico y la iglesia

Algunos músicos dicen «Jehová es mi pastor» cuando les preguntan quién es su pastor. Parece muy sencillo, pero no hay lugar para «llaneros solitarios» en el reino. No debemos dejar de congregarnos (Hebreos 10:25).

No se trata simplemente de «unirnos» a una iglesia, sino de que en el momento de reconocer a Jesús como nuestro Señor, somos «agregados» al cuerpo de Cristo y el cuerpo tiene diferentes funciones (1 Corintios 12:12-13).

Cuando uno anda solo, existe el peligro de confundir lo «usado que soy» con «lo maduro que soy espiritualmente». Por eso es importante estar firmemente relacionado con nuestra iglesia local, alimentándonos, conviviendo y sirviendo en la congregación.

No hace falta que nos cambiemos de iglesia. Seguramente Dios nos tiene en el lugar indicado para aprender, crecer, y servir. Si creemos que «no nos comprenden» entonces tratemos nosotros de comprender; si vemos desunión trabajemos por la unidad; si faltan instrumentos o equipos de sonido utilicemos lo que hay (ser fieles, ¿no es cierto?). Todas esas experiencias y el alimento que recibamos nos servirán para aconsejar y bendecir a otras personas.

> Algunos músicos dicen «Jehová es mi pastor» cuando les preguntan quién es su pastor. Parece muy sencillo, pero no hay lugar para «llaneros solitarios» en el reino.

En un momento de adoración que tuvimos durante un concierto pequeño, invité a la gente a postrarse delante de Dios. Le decíamos a Jesús cuanto lo amábamos y algunos hasta lloraban. En ese momento, por alguna razón levanté la mirada y pude ver a través de la puerta de vidrio del frente de la iglesia, que un ujier sacaba afuera a un indigente. Me sentí mal y me quebranté más. Percibí que el Señor me hablaba. Me dijo: «Levanta menos las manos hacia mí y extiéndelas más hacia el frente, a tu prójimo».

Le pedí perdón a Dios por no pensar más en los necesitados. Terminamos el concierto y... ¿qué hice al respecto? Nada. Me fui a casa y seguí con mis actividades de siempre. Ese tipo de situaciones, en el que «por casualidad» veía la necesidad de algún niño mientras adentro dábamos «gritos de victoria», se repitió dos veces más, hasta que decidimos obedecer.

Un adorador ha saber que no debe andar haciendo «obras de caridad» sino mostrando amor, porque *nosotros* somos las manos de Dios (Mateo capítulos 25, 35, 45).

Más lunas, menos estrellas

Parece que en el cuerpo de Cristo nos ha dado por definir como «éxito» el hecho de que muchas personas nos conozcan y de que sea numerosa la cantidad de aquellos sobre los que podemos «influir» a través de lo que hacemos. Eso *no* es el éxito. El éxito es saber para qué estamos aquí en la tierra y lograrlo, o sea cumplir con la voluntad de Dios.

En cualquier tipo de trabajo que hacemos en la iglesia, tendemos a buscar el reconocimiento y la «posición», pero Jesús nos da una lección sobre como resulta esto en el reino:

«Entonces Jesús, llamándolos, dijo: sabéis que los gobernantes de las naciones se enseñorean de ellas, y los que son grandes ejercen sobre ellas potestad. Más entre vosotros no será así, sino que el que quiera hacerse grande entre vosotros será vuestro servidor, y el que quiera ser el primero entre vosotros será vuestro siervo; como el Hijo del Hombre no vino para ser servido, sino para servir, y para dar su vida en rescate por muchos» Mateo 20.25-28 (RVR 60).

> El éxito es saber para qué estamos aquí en la tierra y lograrlo, o sea cumplir con la voluntad de Dios.

Sirvamos. No miremos a todos lados para ver quien puede hacer algo por nosotros. Ayudemos a otros, sembremos en otros. Estar en una plataforma y tener a la gente dando gritos de júbilo es mucho más fácil que hacer la voluntad de Dios.

Me choca bastante la idea de algunos, de hacer una farándula de la industria de la música. Emiten comunicados de prensa, realizan sesiones de fotos y miles de otras cosas que ponen al artista en un nivel que da a entender que: «este es un artista que ama al Señor, nunca peca, sabe lo que hace, jamás tiene problemas en su casa, nunca cede a las tentaciones, no tiene pensamientos malos y está listo para evangelizar en cualquier momento». No estoy en contra de la comunicación ni de usar herramientas para llevar la visión de Dios a diferentes lugares, pero cuidemos de que *siempre* la motivación que tenemos sea levantar el nombre de Jesús.

Recuerdo que una vez ví la tarjeta de un cantante que decía más o menos así:

PANCHO PISTOLAS
UNA ESTRELLA PARA CRISTO
(Para todo evento cristiano)
teléfono: (777)777-0777

(Por respeto a su privacidad le cambié el nombre).

¿Estrella? Una estrella tiene luz propia. La luna no. La luna *refleja* al sol; es invisible sin el sol. Es preferible que la gente vea más al sol de justicia en nosotros cuando estamos *abajo* de la plataforma y no cualquier chispita que podamos generar arriba del escenario o frente al público.

Tanto los pastores como los músicos y líderes debemos orar a Dios y actuar de manera que nunca estemos tan ocupados como para no disponer de un tiempo para servir a otros.

Los estilos de música pasarán, las nuevas revelaciones de liderazgo también pasarán, pero su Palabra no pasará

Los músicos de la Palabra

No existe mejor manera de escuchar a Dios que a través de su Palabra. Sinceramente yo nunca he escuchado a Dios con mis oídos físicos, pero muy seguido lo escucho leyendo la Biblia. Me da dirección, paz, ideas, canciones, alegría, lecciones. Imaginemos a Dios sentado en la sala de nuestra casa hablando con nosotros. Así de poderosa y práctica es su voz al leer su palabra. Es viva, específica para el tiempo (rhema) y la situación que estamos viviendo. Chicos y chicas comienzan a enamorarse de Dios y quieren escucharlo, por eso se zambullen en la Palabra para conocer a Dios y que él los conozca.

Los estilos de música pasarán, las nuevas revelaciones de liderazgo también pasarán, pero su Palabra no pasará (Mateo 24:35).

Si tenemos a un músico bajo nuestro liderazgo, invirtamos en él. Enseñémosle. Preguntémosle como le está yendo. Enseñémosle principios de Dios. Si estamos aprendiendo o estudiando cosas de la Palabra, invitémoslo a realizar ese viaje junto con nosotros. No importa que algunas veces no seamos «los expertos que tienen todas las respuestas».

Más allá
de la música

6

POR EMMANUEL ESPINOSA

La música nos moviliza de un modo en que pocas cosas pueden lograrlo. Yo podría decir algo, y quizás me entiendan y lo reciban en cierto grado; pero si digo esas mismas palabras en una canción, con música, probablemente les cueste mucho más olvidarlas. ¿Por qué? Porque la música toca nuestras emociones como ninguna otra cosa lo puede hacer.

En algunos conciertos de Rojo suelo dar un ejemplo que representa lo que provoca la música. Comienzo a tocar diferentes melodías e invariablemente veo siempre los mismos resultados en las personas. Le pido al público que cierre sus ojos, dejo de hablar y entonces comienzo a tocar el piano. Ejecuto notas suaves. Tenues. Relajantes. Notas largas a medio volumen. Sonidos que nos hagan pensar en un lugar mejor. Que nos hagan suspirar. Que nos lleven a recordar, a añorar. Que nos hagan pensar.

Probablemente durante ese tiempo corto algunos recuerden algo hecho por Dios; otros tal vez piensen en su novia de la secundaria o algo por el estilo; pero todos suspiran. Después toco una música oriental. Algunos se ríen y otros piensan en comida china. Por ultimo comienzo a tocar la marcha nupcial y de pronto todos dan un grito de júbilo... o quizás algunos un grito de lamento.

La música toca nuestras emociones como nada más lo puede hacer. Y eso lo creó Dios.

Sigo sin decir ni una palabra. Solo toco el piano. No explico de qué se trata la música antes de tocarla. Simplemente la toco y la gente responde. Puedo lograr que recuerden personas, olores, lugares, sentimientos y hasta llevarlos a sentir ganas de casarse. Todo eso por unos simples sonidos en el piano.

Ese impacto que la música produce en los seres humanos, actúa de manera increíblemente similar en casi todas las personas del mundo. Es muy extraño encontrar alguien al que no le guste la música. Podemos ver conciertos por televisión o asistir en persona, pero siempre experimentamos cosas como esas. ¿Por qué? Repito, porque la música toca nuestras emociones como nada más lo puede hacer. Y eso lo creó Dios. Dios no nos llama a tener encuentros solamente emocionales o musicales con él, pero quiere que nosotros le demos todo; y por eso espera que aprovechemos los recursos y regalos que nos dio para adorarle, para convertirnos en lo que él desea. ¿A qué me refiero? Dios dice que está buscando verdaderos adoradores (Juan 4:23). Por eso, más que adoración, él busca adoradores que lo adoren en espíritu y en verdad. Dios no busca canciones, busca corazones, pero la música fue creada para convertirnos más fácilmente en lo que él desea.

El centro es Dios

Lo sepamos o no, cada persona del mundo ha sido creada para ser un adorador. Consciente o inconscientemente, en actos ceremoniosos o informales, con música o sin música, con religión o sin religión, todos adoramos todo el tiempo, aun «*sin querer queriendo*», como diría el Chavo del ocho. Ricos, pobres, religiosos, ateos, músicos, empresarios, pastores, líderes, artistas. El flojo, el trabajador incansable, el introvertido, el extrovertido: *todos* somos adoradores constantes de algo o de alguien. La adoración no es un «acto» que dura una cierta cantidad de tiempo (cantar, por ejemplo, treinta minutos los domingos), es «la decisión que tomamos al escoger quién o qué será nuestro señor y el foco de atención para nosotros, y la manera en que nos entregamos a esa decisión con devoción y servicio»[1]. Es decir que podemos terminar adorando a la actividad, persona o cosa que ocupa la mayor parte de nuestros pensamientos y tiempo.

Cada persona del mundo ha sido creada para ser un adorador.

Cuando era chico, me surgía una gran incógnita al cantar «Ven y toma el trono de mi corazón», porque sinceramente en la iglesia sentía *muchas* ganas de poner a Dios en el trono de mi corazón, sobre todo cuando colocaba mi «puño derecho en el pecho, agachaba la cabeza, cerraba los ojos y fruncía el ceño mientras lo cantaba». Pero no sentía las mismas ganas en la escuela, cuando enfrentaba mis tentaciones, e incluso, ni me acordaba de Dios hasta el momento de pedirle perdón para que no me creciera la nariz.

¿Cómo hago entonces para no ubicar mis egoísmos, mis capacidades, mi trabajo, alguna chica, mis sueños, mis talentos, mis planes o mi llamado en el trono de mi corazón? Las preguntas que nos ayudan a analizarlo son: «¿Para qué hago lo que hago?» y «¿Cuál es mi motivación?»

Descubrir qué es lo que nos mueve a realizar lo que hacemos resulta vital y si contestamos con sinceridad esas preguntas, las respuestas nos inducirán en nuestro accionar. Esto nos debería llevar más allá de confeccionar una lista de prioridades. Nos tendría que introducir al encuentro con Dios, y llevarnos a entender que si él no se halla en el centro de nuestra vida, fracasaremos entonces en todo lo que emprendamos para producir un fruto espiritual. Si no tomamos la decisión diaria de ser crucificados con él (Gálatas 2:20), perderemos el enfoque.

Un esposo no lo es solamente cuando está con su esposa. Una mamá no lo es solamente cuando está con sus hijos. Un adorador no lo es solamente cuando hay música. ¿Qué ponemos en el centro? Tenemos que enseñar a esta generación que Dios debe ser el centro de nuestra atención, el foco de nuestra vida y la fuente de nuestra canción más constante.

Ser agradecidos

En Romanos 1, Pablo nos cuenta cómo comienza la decadencia del carácter, de la moral y de todo lo bueno: «Dejar de ser agradecidos con Dios» (versículo 21).

Parecería que cada vez se utilizan menos las palabras «por favor» y «gracias». Pero nosotros debemos ser las personas más agradecidas del planeta. Los jóvenes observan nuestra actitud y escuchan nuestras palabras.

Agreguemos la palabra «gracias» a nuestro vocabulario. Si el Señor responde a nuestra oración, digamos: *Gracias*. Si no responde, también digamos: *Gracias*.

Cuando el Espíritu inspiró a Pablo a escribir «Den gracias a Dios en toda situación» (1 Tesalonicenses 5:18), no significaba dar gracias *por* todo, sino dar gracias *a pesar* de todo. Dios nunca pierde el control de las cosas, por eso seamos agradecidos con él, pues va a cumplir lo que prometió. Una atmósfera de agradecimiento es vital para levantar una generación de adoradores.

Conocer más sobre el amor de Dios nos acerca a él

La primera vez que escuché decir a uno que «hay gente que tiene un Dios muy chiquito» pensé que en cualquier momento lo vería aniquilado por un rayo. Pero ahora lo entiendo. Dios no quiere alejarse o dejar de manifestar su amor; es nuestra ignorancia la que nos impide adorarlo con entrega y conocerlo más. Debemos conocerlo más.

«Nuestra adoración a Jesús es siempre una respuesta a lo que él es, o mas bien, a cómo percibimos que él es. Si lo vemos pequeño en nuestros corazones y mentes, nuestra respuesta (a él y a su amor) permanecerá mínima, mecánica y hasta mísera. Pero entre más y más lo veamos por quién verdaderamente es, concientes de lo que ha hecho por nosotros, derramar nuestras vidas y recursos será una respuesta de alegría y el deseo de nuestro corazón»[2].

¿Alguna vez has hecho el ejercicio de mencionar los nombres de Dios en algún lugar fuera de la iglesia? Si la respuesta es no, te invito a que practiquemos con algunos de esos nombres: Él es Dios, Señor, Salvador, Amigo, Sustento, Refugio, Fortaleza, Rey de reyes, Fiel, Justo, Mi abogado, Consejero, Roca firme, Castillo fuerte, Sanador, Consolador, Libertador, Amor, Guerrero, Paz, Mi estandarte, Padre, Guía.

> Cuando el Espíritu inspiró a Pablo a escribir «Den gracias a Dios en toda situación» (1 Tesalonicenses 5:18), no significaba dar gracias por todo, sino dar gracias a pesar de todo.

Cuando lo hacemos, vemos la vida y las circunstancias de otra manera, porque levantamos al único digno de adoración.

Algunas veces, al despertar en la mañana, veo la lista de lo que debo hacer y comienzo inmediatamente a trabajar en ello; cuando termino horas después, estoy fatigado y con una lista similar o más grande para el día siguiente. Pero en otras ocasiones que estoy, por ejemplo, en fila del banco, me enfoco en la razón por la que estoy allí, y *decido* empezar a pronunciar sus nombres y lo que él ha hecho y hará por mí: «Jesús, tú eres Señor de todo ¿Por qué voy a preocuparme?». Quizás me animo a decir más: «Señor no quiero depender de mi salario o de mis entradas de dinero, quiero depender de ti». Si debo retirar a mi hijo de la escuela y tengo que manejar por un buen tiempo, hago el mismo ejercicio, y de esa manera se enciende la fuente de agradecimiento de la que hablábamos antes y comienza mi adoración. No me dan escalofríos ni cierro los ojos (y menos si estoy manejando), pero cuando reconozco su grandeza, cualquier circunstancia se hace más y más pequeña. Cualquier desafío se vuelve alcanzable porque no estoy confiando en mis fuerzas sino en las de él. Cuanto más lo conozcamos más dependientes de él nos haremos.

Cada experiencia, cada relación, cada momento que vivimos, tienen el potencial de enseñarnos de Dios y darnos motivos para adorarlo.

En su libro «Creados para Adorar», mi amigo Mike Herron dice que: «El amor no es amor hasta que se expresa. No se puede enseñar de afuera hacia adentro; uno debe enseñar el propósito de amar antes de enseñar la expresión de amor. ¡Una vez que el propósito de amar a Dios es comprendido, la expresión de amor a Dios será espontánea y sin fin!»[3]

Cuando uno ve todo lo que Dios ha hecho y todo lo que él es, no puede quedarse quieto, sino que le adora de manera constante. Lo que necesitamos es ser perceptivos y estar expectantes en reconocimiento y admiración delante de su presencia.

Eso es lo increíble de la vida. Cada experiencia, cada relación, cada momento que vivimos, tienen el potencial de enseñarnos de Dios y darnos motivos para adorarlo. Incluso si hemos pasado por momentos difíciles, dolorosos o amargos en la vida, Dios es tan increíble que hasta usa esos momentos para acercarnos a él para que lo conozcamos más. Estemos alerta, no desaprovechemos las oportunidades y otros nos seguirán.

Desde que somos padres, Linda y yo hemos descubierto más y más detalles de la grandeza infinita de Dios. Ángelo, Mike y Eric nos enseñan sobre el amor de Dios y su gracia en todos los aspectos de nuestra vida.

Estoy seguro de que Dios nos ha rodeado a todos de oportunidades para escucharlo y adorarlo; busquemos esos momentos y adoremos en todo tiempo. Como dice Pablo: «Oren sin cesar» (1 Tesalonicenses 5:17).

Un acto de amor

Dios merece toda nuestra vida. Él merece toda nuestra adoración. No hay manera de pagar completamente el amor que él nos ha dado.

«Porque el Espíritu que Dios les ha dado no los esclaviza ni les hace tener miedo. Por el contrario, el Espíritu nos convierte en hijos de Dios y nos permite llamar a Dios ¡Papá!» (Romanos 8:15, BLA).

Nunca le cantaremos lo suficiente, ni lo serviremos lo suficiente o lo adoraremos lo suficiente; y al expresarle nuestro amor lo haremos de manera diferente de otras personas. Algunos lo harán calladamente, otros escandalosamente; pero ese amor, más que una iniciativa propia, es una reacción de lo más profundo de nuestro corazón en respuesta al amor extremo que Dios nos tiene. Así funciona la adoración.

En medio de todo ese amor de Dios a nosotros y de nosotros a Dios, él quiere seguir moldeándonos y haciéndonos como él es. Nunca detengamos a Dios de trabajar en nuestro corazón solo porque estamos en una plataforma o por realizar algo muy visible. Recordemos el tiempo en que Dios nos llamó. Le decíamos que nos faltaba mucho, que usara a alguien más. Que no éramos buenos y que otros eran más talentosos. O quizás hayamos pensado lo contrario en un comienzo y pronto nos dimos cuenta de nuestra equivocación. Pero Dios, de todos modos, en su infinita gracia y misericordia insistió, nos llamó y creyó en nosotros.

Los invito a convertir en un hábito el decirle a Jesús: «Qué importa si mis talentos no me hacen popular. Qué importa si un día no hay música, Qué importa si no puedo cantar. Mi corazón y mis acciones *cantarán* a todo volumen». Sigamos leyendo acerca de cómo llevar a esta generación al trono de la gracia de Dios.

[1] Harold Best, *Getting started in Christian Music* [Cómo iniciarse en la música cristiana]. Editor General Reed Arvin. Harvest House Publishers, p. 42.

[2] Nigel Morris, *The heart of worship files* [Archivos sobre el corazón de la adoración]. Compilado por Matt Redman. Regal Books, p. 141.

[3] Mike Herron, *Creados para adorar*. Casa Creación, p. 94.

Adoración peligrosa (un diálogo que cambia lo incambiable)

7

POR LUCAS LEYS

La iglesia estuvo demasiado tiempo preocupada solamente por subsistir y eso todavía nos afecta. Por muchas décadas la consigna fue defenderse de un mundo que la tenía rodeada por todos lados, y para eso había que cerrar las puertas del castillo y ocuparse de los que estaban adentro. Parecerse en cualquier aspecto a los que estaban afuera se consideraba un acto de insubordinación o carnalidad. Ser santo significaba usar un vocabulario y una vestimenta distinta; eran pocos los que pensaban en la santidad como una vida separada con el propósito de extender el reino de Dios, transformando la sociedad y asumiendo una presencia activa en la cultura. Hace apenas unas décadas, ¿quién pensaba en estrategias, guerra espiritual, adoración contemporánea o en tomar ciudades? El interés principal era protegerse y mantener al «pequeño pueblo muy feliz».

Algún tiempo atrás mientras leía la versión antigua de Mateo 16:18, donde dice de la iglesia que «las puertas del Hades no prevalecerán contra ella», me imaginaba a Satanás golpeando con unas enormes puertas a una pobre y pequeña iglesia blanca de película que usaba todas sus fuerzas para tratar de mantenerse erguida. Recuerdo que al orar una nueva imagen se dibujó en mi mente. Jesús, tomaba a la iglesia en sus manos y golpeaba con violencia contra las puertas del infierno para liberar a los millones que estaban detrás de ellas.

> Vivir únicamente para mantenernos «puros e inmaculados» o solamente abstraídos en momentos de éxtasis colectivos y cuidar lo que ya tenemos es egoísta y aburrido.

Nuestro sueño con Emmanuel y Danilo es que ustedes, que leen este libro, tomen las riendas de una iglesia activa, decidida a mostrar compasión por los que se pierden y entiendan que eso se produce como consecuencia de una vida de adoración. El nuevo milenio nos regala la oportunidad de contar con una iglesia interesada en construir el reino en la tierra. Solo cuando tenemos este propósito en mente podemos vivir la vida cristiana con emoción y entusiasmo. Vivir únicamente para mantenernos «puros e inmaculados» o solamente abstraídos en momentos de éxtasis colectivos y cuidar lo que ya tenemos es egoísta y aburrido.

¿Mantener o construir?

En ciertas ocasiones, cuando doy talleres para líderes de jóvenes, hablo acerca de las diferencias entre mantener un grupo de jóvenes y construir un ministerio juvenil. Cuando predico sobre esta temática uso el siguiente cuadro:

Cómo mantener un grupo de jóvenes	Cómo construir un ministerio juvenil
Motivar a través de actividades	Motivar a través de propósitos
Transmitir una visión poco clara	Transmitir una visión clara
Dar un enfoque introvertido, que lleve a la formación de una elite	Dar un enfoque extrovertido, con compasión por los perdidos
Provocar un crecimiento cíclico	Lograr un crecimiento consistente
Enfocar en defendernos del mundo	Enfocar en equiparnos para el reino de Dios
Hacer que todo ronde en torno a un solo campo ministerial	Elaborar un programa integral
Mantener las tradiciones	Ser eficientes
Limitarnos al canto congregacional	Desarrollar una vida de adoración

Este cuadro también se aplica a la iglesia en general y a nuestra vida personal. La primera diferencia que muestra es que aquellos que solo se dedican a «mantener» se motivan por ciertas actividades. Un congreso o un campamento nos levantan el ánimo y hace crecer el grupo; pasa un tiempo sin una actividad importante y nos vamos al suelo. ¿Por qué? Porque la motivación proviene más de afuera que de adentro. Necesitamos actividades dinámicas que nos estimulen pero, más que eso, necesitamos una conexión significativa con el Señor que nos motive a alcanzar su propósito para nuestra vida, desde lo secreto y desde lo interior. Cuando hacemos una actividad y estamos convencidos de que sirve para superarnos espiritualmente, no importa tanto que la actividad termine porque el propósito sigue. Si el propósito no está impregnado en lo que hacemos, todo termina cuando finaliza la actividad programada.

Otra diferencia es que los que tienden a mantener se enfocan en algún grupo selecto de personas populares y buscan conformarlas a ellas; los líderes que quieren construir ponen su foco en los necesitados. Los que simplemente mantienen no planean estratégicamente cómo crecer. Les gustaría experimentar un crecimiento, pero no hacen sus planes correctamente, y entonces crecen solo porque los chicos de la iglesia crecen en edad.

En la iglesia de mis primeros años, el único índice de crecimiento era el de natalidad. Si nacían muchos hijos en una generación, la iglesia tenía buen pronóstico. Si nacían pocos, el futuro de la iglesia estaba en peligro.

Otra diferencia es que los que tienden a mantener se ocupan más de defenderse y señalar los pecados del mundo que de prepararse para extender el reino de Dios. Muchas veces llegamos a olvidarnos de lo maravillosa que es la alternativa de Dios. Pensamos en la salvación como un pasaporte al futuro y cantamos: «Qué lindo cuando estemos en el cielo y estemos así, juntos, cantando eternamente».

Yo escuchaba eso cuando era adolescente y me quería ahorcar. ¿Acaso la única alternativa a los placeres de este mundo es soñar con cantar en el más allá? Gracias a Dios, no. Dejar una huella significativa en este mundo es la mejor satisfacción que podemos tener en la vida; de eso también se trata la adoración y Dios quiere equiparnos para ello. Los líderes que facilitan la tarea de extender el reino de Dios son los más amados, respetados y admirados por los que tienen cerca.

Otra diferencia entre los que mantienen y los que construyen es que los primeros con frecuencia hacen girar todo en torno a algo que les gusta y les es más fácil, en tanto que los segundos prestan atención a distintos aspectos necesarios para un crecimiento consistente. En algunas iglesias, el programa de jóvenes gira exclusivamente alrededor de un grupo de alabanza; en otras, en torno al deporte, al estudio bíblico o a la recreación. Por ser ese su único punto de atracción, los primeros van a tener mucho éxito con aquellos jóvenes a los que les gusta cantar o sueñan con tocar algún instrumento; y lo mismo sucede con cada área de interés en particular. El problema es que hay muchos otros jóvenes y adolescentes a los que cada iglesia debería alcanzar, pero que no se sienten atraídos por esos intereses exclusivos. Recordemos, como leímos anteriormente en este libro, que el canto es una posible expresión de la adoración, pero la adoración en espíritu y en verdad va mucho más allá.

Otra de las características de los líderes que se ocupan de mantener es el modo en que se apegan a las tradiciones. Los que construyen son los que constantemente evalúan si lo que hacen ayuda a alcanzar el objetivo que persiguen. Esas personas se preguntan: Hace décadas que estamos votando a un líder de jóvenes por año, ¿sirve o no sirve? Las reuniones de domingo por la noche son para evangelizar, pero rara vez se convierte alguien ¿Hay algo mejor que podamos hacer? Todos los ministros de jóvenes se visten de traje ¿Qué comunicamos a los jóvenes con esto? Los que predican en mi iglesia son siempre hombres ¿Seríamos más eficientes si también les diéramos lugar a las mujeres?

Por último, específicamente con respecto a la cuestión de la adoración, los grupos orientados a mantener tienen líderes que creen que la adoración solo pasa por el canto congregacional, en vez de enseñar y vivir una vida de adoración. Por eso crean una mentalidad dividida en dos mundos: el del culto y el real. Así los chicos solo dependen de que el culto «esté bueno» para disfrutar o no de la adoración, aunque pronto se aburren porque rara vez tiene consecuencias prácticas.

De renovación a revolución

Muchos jóvenes se sienten frustrados porque piensan que sus líderes no les dan espacio para servir al Señor. Algunos se frustran porque saben que lo suyo no es predicar ni dirigir la alabanza, y parecería que la iglesia no les ofrece otra cosa para hacer. Desde Pentecostés la historia no había registrado un movimiento de alabanza y adoración comparable al de nuestros días. Miles de personas en todos los continentes están orando por avivamiento. Iglesias enteras ayunan para que veamos un tiempo de cosecha como nunca antes se vio y esto es sensacional. Pero si consideramos que la adoración es esa renovación, esto tendría que traducirse de algún modo en una revolución de valores, de ética y de justicia social. En ello nuestra generación juega un papel principal y tú tienes un rol protagónico. Entablar un diálogo con Dios, el creador del universo, que quiere redimir su creación, y en especial a la humanidad, significa que él comienza a cambiar a los que entran en esta relación. Entonces sí, la renovación de la iglesia traerá la revolución que el mundo necesita. La clave para esta revolución está en sacar nuestra vida de adoración de los templos y demostrar que el reino de Dios no consiste en palabras sino en poder para modificar nuestra sociedad.

> Cuando Jesús habló de tener misericordia con los desprotegidos no se dirigió a los gobernantes, les hablaba a los discípulos.

Sugerencias para un cambio

Acá va una lista de ejemplos de situaciones en las que deberíamos enfocarnos para que en nuestros barrios y comunidades crean que predicamos verdaderamente acerca del amor de Cristo y del poder del Espíritu Santo, y entonces la adoración alcance su potencial:

Los que no tienen hogar: Nadie sabe con exactitud cuánta gente vive en las calles de nuestras ciudades. La pobreza aumenta y cada vez serán más las personas que vivan sin un techo propio. Echamos la culpa al gobierno sin pensar en nuestra responsabilidad como iglesia. Cuando Jesús habló de tener misericordia con los desprotegidos no se dirigió a los gobernantes, les hablaba a los discípulos. Conozco ministerios que están trabajando por los chicos de la calle o dando de comer a mucha gente. ¡Gloria a Dios! Pero todavía son muy pocos. Es una vergüenza que muchos de nuestros templos pasen cinco días por semana vacíos cuando hay gente que no tiene donde dormir. En muchas ciudades hay grupos u organizaciones que tienen hogares o refugios para gente de la calle, pero siempre luchan con la falta de recursos, sobre todo con la falta de voluntarios. ¿Qué tal si los cristianos somos esos voluntarios? Los funcionarios de gobierno admiten que hay cosas que solo pueden hacer a través de organismos intermedios.

Algunas iglesias, después de tomar la iniciativa de hacer algo por los que no tienen hogar, y realizándolo bien y por bastante tiempo, consiguieron a la larga ayuda de los gobiernos municipales que reconocieron que la actividad de esa iglesia les convenía a todos.

«Hábitat por la Humanidad» es una organización cristiana nacida en Estados Unidos de Norteamérica que construye complejos habitacionales por toda Latinoamérica con la intervención de las iglesias. EAPE[1], la organización que dirige Tony Campolo, ha construido cientos de viviendas en República Dominicana y Haití. Estas iniciativas van aumentando, y deberían llegar a gozar de alta estima en la iglesia.

Los niños: Algunas estadísticas señalan que la edad más común para tener por primera vez una experiencia personal con Jesús es entre los 5 y los 12 años. Por eso el ministerio con niños es sumamente serio y debe ser uno de los aspectos en que la iglesia preste más atención. Cuando dijo: «Dejen que los niños vengan a mí y no se lo impidan» (Lucas 18:16), Jesús mostró que comprendía algo que a muchos de nosotros nos ha costado entender. La evangelización de los niños es vital para el presente de la iglesia. Cuando alguien conoce a Jesús ocurre un milagro en su vida, aunque la misma persona no lo pueda explicar. Algo se desata y algo se ata en el espíritu de esa persona, aunque sea una niñita de siete años.

Es una vergüenza que muchos de nuestros templos pasen cinco días por semana vacíos cuando hay gente que no tiene donde dormir.

Los niños son, además, el grupo más grande de víctimas que hay en el planeta hoy día. Ya hablamos de divorcio, de pobreza y de violencia, todas circunstancias en las que ellos nada pueden hacer; pero la iglesia sí. Los jóvenes cristianos deberían ocuparse en ser determinantes en la vida de los niños que viven alguna de esas circunstancias. Ser padrino o madrina de un menor es una posibilidad a nivel de esfuerzo individual. ¿Qué tal si buscamos alguna niña o niño de una familia no creyente que conozcamos, con papá o mamá ausentes, y de alguna manera intentamos compensar la falta de esa figura? ¿Y si buscamos un grupo de hermanos en una familia sin recursos, y de tanto en tanto los llevamos a pasear y les hablamos de Jesús?

En cuanto a esfuerzos colectivos, organizaciones como APEN (Alianza de Evangelización del Niño) con filiales nacionales en distintos países de Latinoamérica[2] nos dan el ejemplo y ofrecen entrenamiento que puede transformar nuestra iglesia. Los comedores para niños son sustancialmente determinantes en muchas comunidades pobres. ¡Algunas iglesias están luchando solas, mientras otras discuten si han de colaborar o no con cristianos que tienen costumbres diferentes!

Los que precisan ayuda escolar: Nadie puede negar que la educación resulta vital para el desarrollo sano de una persona; tampoco podemos dejar de ver cuántos tienen serios problemas para salir adelante en la escuela. La iglesia puede hacer algo. La mayoría de las iglesias locales tienen miembros que pueden proporcionar apoyo a niños y adolescentes en alguna materia. Hay profesionales y estudiantes universitarios que pueden ofrecer su tiempo y también hay amas de casa que pueden separar algunas horas para ayudar a los chicos del barrio a hacer su tarea escolar. Este podría ser todo un departamento dentro de la iglesia local. ¡Significaría una gran ayuda para la comunidad y un enorme testimonio para las familias de los estudiantes con problemas! ¿Qué padre o madre no estaría agradecido si alguien ayudara a sus hijos a salir adelante?

Las víctimas de abuso sexual: Cuando Rocío me llamó, en seguida advertí que estaba desesperada.. Tenía diecinueve años y esa noche había ido a limpiar oficinas, como siempre, cuando uno de sus compañeros de trabajo cerró las puertas con llave y la violó. Estaba tan asustada que no se animaba a denunciar al violador. Yo trataba de convencerla, pero ella replicaba que él sabía donde vivía y podía tomar venganza. Como la de Rocío, hay miles de situaciones parecidas en nuestra ciudad, pero nadie se entera. La gente desconfía de la policía y las víctimas tienen mucho miedo y vergüenza de contarle a sus familiares.

La iglesia debe ser un puerto de guía, amor y esperanza para las víctimas de abuso sexual. Podemos difundir teléfonos de emergencia y organizar grupos de apoyo para personas que pasaron por estas tristes situaciones. La proporción de la población qué ha sufrido algún tipo de abuso sexual es altísima pero los esfuerzos para ayudar a estas personas son muy escasos. La mayoría de los abusos ocurren en la niñez y dejan una marca emocional que solo el poder del Espíritu Santo, mediante la oración restauradora puede curar.

Las madres solteras: Cada vez hay más adolescentes y jóvenes que quedan embarazadas antes de terminar sus estudios, tener un trabajo o estar preparadas psíquica y emocionalmente para ser mamás. Otras tal vez están preparadas, pero sus parejas las abandonaron o sufren el rechazo de sus familias. La iglesia debería brindar consejería y apoyo espiritual a estas mamás, pero no siempre esto se realiza. Muchas veces ni siquiera pensamos en todo lo que tienen que pasar; en algunas iglesias solo escuchan palabras de condenación.

El Señor trató los pecados de David con firmeza y con amor restaurador, y este respondió con confesión y humildad (Salmo 51). Dios no abandonó a David y tampoco abandona a los jóvenes y las jóvenes que han perdido el rumbo. Nosotros podemos darles el amor de Cristo, y ser determinantes en sus vidas y en la de sus hijos. En nuestra iglesia tenemos un grupo casero donde estas mamás pueden expresar sus luchas, temores y situaciones cotidianas y, a la vez, participar de un estudio bíblico que las ayude a fortalecerse espiritualmente.

Las personas con SIDA: Según los informes de la Organización de Estados Americanos, cada año cerca de tres millones de jóvenes de entre quince y veinticuatro años son infectados con el HIV o virus del SIDA. Eso equivale a cinco jóvenes por minuto cada día del año. Estos jóvenes necesitan desesperadamente del amor de Cristo. He visitado varias veces los hospitales y he visto las camas solitarias de esos jóvenes muriendo y dejándose morir. También hay muchos infectados que todavía no necesitan estar internados pero viven con miedo. Nuestra iglesia puede tener un ministerio para esas personas; puede organizar visitas a los hospitales, brindar ayuda a las familias que viven esta crisis o armar grupos de oración y comunión para los portadores del virus. La oración amorosa es una doctora de lujo y nuestra iglesia puede ser la clínica.

Los seres humanos tenemos la tendencia a preguntarnos acerca de las causas por las que están enfermos; Jesús está más interesado en el corazón de los enfermos.

Los que requieren de orientación vocacional: Una de las decisiones más importantes de la vida tiene que ver con la vocación. ¿Qué quiero hacer con mi vida? ¿Qué voy a estudiar? Estas son preguntas fundamentales para la vida de cualquier joven y también para la vida de la iglesia. Por mucho tiempo la iglesia parecía estar solamente interesaba en las áreas a las que queríamos dedicarnos dentro del templo, y nada más. Algunos se preguntaban por qué la universidad era la puerta de salida por la que muchos se iban de la iglesia.

> Por mucho tiempo la iglesia parecía estar solamente interesaba en las áreas a las que queríamos dedicarnos dentro del templo, y nada más.

Creo que una de las razones consistía en que las iglesias locales no sabían participar de manera eficaz en el proceso de estudio. Cuando no prestamos atención a la guía vocacional perdemos una oportunidad de acompañar a los jóvenes en una etapa muy importante.

Para apoyar la búsqueda vocacional de los jóvenes que pastoreo, siempre me interesé por buscar tests que les brindaran ayuda y traer gente destacada en distintas profesiones para estimularlos y orientarlos en sus decisiones. Organizar este tipo de actividades es un buen servicio a la comunidad y a la vez atraerá a nuevos jóvenes a la iglesia.

Embajadores de Dios

¿De qué otras cosas podríamos ocuparnos? Del medio ambiente, de los ancianos, de los discapacitados, de los presos, de los niños por nacer. Podemos ocuparnos del arte, oponernos al aborto, estimular la superación personal y muchas cosas más. ¿Cuáles se nos ocurren en este momento?

Teniendo en cuenta que generalmente nuestros templos son lugares sospechosos para la comunidad más amplia, algunas iglesias están abriendo centros de ayuda comunitaria en otros sitios.

Teniendo en cuenta que generalmente nuestros templos son lugares sospechosos para la comunidad más amplia, algunas iglesias están abriendo centros de ayuda comunitaria en otros sitios. Estos centros son simplemente alguna pequeña casa del barrio que han comprado o que alguien donó, y allí se efectúan muchas de las actividades que mencioné arriba. Otra estrategia es usar casas de familia o pedir el aula de una escuela.

Todavía hay mucho por hacer y moldes viejos por romper, pero solo una iglesia así podrá demostrar el verdadero poder del evangelio y lo que un ejército de adoradores puede lograr.

[1] Evangelical Association for the Promotion of Education

[2] El nombre suele cambiar según el país; en Argentina se llama LAPEN (Liga Argentina Pro Evangelización del Niño).

Cómo ayudar a la nueva generación a experimentar a Dios

8

POR LUCAS LEYS

Es un pecado que los jóvenes crean que la iglesia es aburrida. Pero no es un pecado de ellos, sino nuestro, de los líderes. El evangelio es la verdad más emocionante del universo. Dios, ¡sí, Dios!, quiere relacionarse con nosotros de manera personal, llenarnos del poder de su presencia y marcar una diferencia a través de nosotros. ¿Cómo puede ser eso aburrido? Los aburridos fuimos nosotros al encerrar a Dios en una doctrina o en una experiencia de fin de semana. Por eso, entender exactamente de qué se trata la adoración resulta vital también para hacer de la vida de la iglesia algo muchísimo más emocionante.

Nuestra misión como líderes de la nueva generación es comunicar las buenas nuevas del evangelio de manera relevante, y eso no puede hacerse si nos limitamos a usar las mismas tradiciones de siempre y los mismos formatos que nos dan resultado para alcanzar y discipular a los adultos. Los jóvenes y adolescentes de esta generación viven en un mundo muy diferente del de sus padres. Un mundo multimedia, visual, interacti-

> **El evangelio es la verdad más emocionante del universo.**

vo, informático, pluralista, lleno de posibilidades, entretenimientos y elementos tecnológicos. El evangelio de Cristo es siempre el mismo, pero la manera de comunicarlo debe responder a las características contextuales. Jesús usó historias que eran entendibles para su público; Pablo citó a los poetas seculares de su generación y hasta mencionó un altar pagano para hacer su mensaje relevante ante quienes lo escuchaban. Debemos usar lo que tenemos a nuestra disposición para comunicar el mensaje de Cristo a esta generación de un modo real, emocionante y radical. La clave para ayudar a levantar una nueva generación de adoradores es que nuestros jóvenes experimenten a Dios de una manera fresca, genuina y transformadora.

Por eso, hablemos de algunas verdades importantes, y no siempre tenidas en cuenta, con respecto a la manera de ayudar a nuestros jóvenes a experimentar a Dios hoy.

Verdad 1. Experimentar a Dios resulta impredecible

No se puede colocar a Dios dentro de nuestra agenda. Me gusta cuando Danilo insiste en que tenemos que estar dispuestos a que si Dios se manifiesta en una reunión no intentemos controlarlo para respetar la programación. Dios no se ajusta a nuestros programas. Claro que podemos hacer un uso inteligente de ciertos elementos cúlticos que nos ayudan a concentrarnos en alguna verdad bíblica e incluso en la presencia de Dios, como veremos en el próximo capítulo. Pero al fin y al cabo, encontrarnos con él es algo muy difícil de predecir. La gran cuestión es que por tanto tiempo nos hemos comportado como si

Dios solo apareciera en nuestras reuniones, que varias generaciones dentro de la iglesia han ido perdiendo sensibilidad en cuanto a los momentos en que Dios se manifiesta en otras circunstancias y fuera de un templo.

Si enseñamos correctamente de qué se trata la adoración, ayudaremos a nuestros jóvenes a estar expectantes de la presencia de Dios aun en los momentos más inesperados y en los lugares más inusuales.

El evangelio de Cristo es siempre el mismo, pero la manera de comunicarlo debe responder a las características contextuales.

Verdad 2. Experimentar a Dios es un proceso

Podemos notar claramente esta verdad en la historia de Jesús en la que él se aparece a los dos amigos que iban camino a Emaús. Jesús no se encuentra con ellos para responder todas sus preguntas y corregir su pensamiento equivocado con respecto a su muerte. El les hace preguntas, poniendo su atención en ellos por encima de lo que responden y de que sea correcto o no. Deja que ellos descubran, en vez de contarles el final, lo que verdaderamente había ocurrido con respecto a su muerte y resurrección. Dios es un artista y nada bello se hace de repente. Una relación con el Señor lleva tiempo. Hay picos en que experimentamos su presencia claramente pero también hay valles donde sentimos que estamos solos. Por su Palabra sabemos que Dios está, pero puntualmente en el tiempo no siempre podemos experimentarlo. Lo sensacional es mirar hacia atrás y notar con sorpresa el modo en que esas circunstancias en que nos creímos solos terminaron siendo parte de lo que Dios estaba haciendo en nuestra vida y se nos hace evidente que Dios sí estaba presente a pesar de que en ese momento no nos lo parecía.

Verdad 3. Experimentar a Dios tiene que ver con Dios, no con nuestro liderazgo

El ambiente evangélico se ha acelerado en su búsqueda de héroes. Veo por televisión a la iglesia evangélica, y algunos pastores me causan gracia. Hablan como si estuvieran solucionando los problemas del mundo en sus sermones, cuando su único merito es tener una iglesia grande, en medio de una comunidad donde nada cambia. Aunque…. si pensamos en lo que significa la palabra «grande», y consideramos los millones de hispanoamericanos que todavía no conocen a Cristo, deberíamos darnos cuenta de que nuestras iglesias son insignificantes en tamaño. Por eso, este es un tiempo en el que necesitamos ser humildes y cabales con respecto al espacio que ocupamos y a nuestras limitaciones.

Jesucristo es el Mesías. No lo es ese pastor que predica muy bien. No lo soy yo ni lo eres tú. No tenemos la responsabilidad de solucionar todos los problemas de nuestros jóvenes. No somos responsables si luego de escuchar todo lo que tenemos que decir de la adoración no quieren convertirse en verdaderos adoradores. Tampoco somos el San Pedro portador de las llaves del éxito de nuestros jóvenes. Dios es Dios y el ser humano tiene libre albedrío. Hagamos lo mejor que podamos en lo que nos toca, pero al fin y al cabo, el que alguien que no somos nosotros mismos experimente a Dios y el modo en que finalmente lo haga no es nuestro tema. Es el de Dios y el de esa persona. Yo creo que en este sentido resulta fundamental que entendamos lo que comprendía Juan el bautista cuando dijo: «A él le toca crecer, y a mí menguar» (Juan 3:30). Con esto no quiero decir que no nos quepa ninguna responsabilidad. Definitivamente nosotros podemos llevarlos hasta el umbral de una experiencia con Dios, pero una vez allí no podemos producirla.

Circunstancias internas en que experimentamos a Dios

Para poder ayudar a los jóvenes a volverse más sensibles a la presencia constante de Dios conviene reflexionar sobre las circunstancias internas en que podemos hacerlo. Me refiero a nuestra actitud y al modo en que ella condiciona la manera en que experimentamos las circunstancias que nos toca atravesar:

Jesucristo es el Mesías. No lo es ese pastor que predica muy bien. No lo soy yo ni lo eres tú.

-*Pro activamente:* Podemos mostrar una intención inclinada a las diferentes disciplinas espirituales como la oración, la alabanza, la adoración, el ayuno y el retiro. Estas disciplinas son fuentes donde podemos refrescar nuestra relación con el Señor, y podemos acudir a ellas cuando queramos.

-*Reactivamente:* Cuando nos toca atravesar situaciones difíciles o con una cuota emocional importante es común que estemos más sensibles a la presencia de Dios. Circunstancias externas como el fracaso, el sufrimiento, la enfermedad, el dolor o sucesos importantes de nuestra vida pueden ayudarnos a reaccionar a la presencia de Dios de una manera especial.

-*Inactivamente:* Alguien dijo que para animar nuestra fe es muy importante darle lugar al silencio. Circunstancias en que experimentamos quietud suelen ayudarnos a pensar en Dios. Una caminata al lado de un lago, detenernos ante un arroyo, mirar el mar en la playa, observar las estrellas o cualquier paisaje inspirador puede ayudarnos a detenernos y considerar a Dios de una manera especial.

-*Misteriosamente:* Ya mencionamos que es casi imposible colocar a Dios dentro de una agenda. Él es el primer protagonista de la historia y no nosotros, así que resulta muy difícil hacer un cálculo matemático y reducir la experiencia cristiana a una fórmula. No existe una ciencia exacta en esto y evidentemente así lo ha planeado Dios. Muchas veces podremos encontrar a Jesús caminando a nuestro lado sin habernos detenido, sin que algo particular sucediera y sin estar en medio de una circunstancia inspiradora. Simplemente se aparece ante nosotros misteriosa e inesperadamente.

> Es casi imposible colocar a Dios dentro de una agenda. Él es el primer protagonista de la historia y no nosotros, así que resulta muy difícil hacer un cálculo matemático y reducir la experiencia cristiana a una fórmula.

Tres avenidas por las que nuestros jóvenes pueden llegar a experimentar a Dios

Muy bien, pero, ¿cómo ayudamos a nuestros jóvenes? No se me ocurren muchas cosas tan hermosas como ver a nuestros chicos crecer en su vida cristiana. Hoy estamos ante una generación harta de la religión institucionalizada, pero que sin embargo sigue hambrienta de una espiritualidad genuina. Los antiguos cristianos exploraron tres avenidas y las llamaron con nombres en latín, de la siguiente manera:

1. *Coram Deo: Los jóvenes pueden experimentar a Dios relacionándose cara a cara con él.*

2. *Communitate Cum Deo: Los jóvenes pueden experimentar a Dios cuando están en comunidad con su familia.*

3. *Res Divinus: Los jóvenes pueden experimentar a Dios a través del servicio.*

Los jóvenes pueden experimentar a Dios relacionándose cara a cara con él. **(Coram Deo).**

Parecería que todavía existen demasiados sectores de la iglesia que se olvidan que hay un solo mediador entre Dios y lo hombres: Jesucristo. No el líder de célula, no el pastor, ni tampoco el líder juvenil. Nuestros jóvenes pueden relacionarse cara a cara con el Señor y adorarlo sin necesidad de un ministro de alabanza o un sermón. De hecho, eso es justamente parte de lo que debemos lograr como buenos ministros de alabanza y líderes: que ellos tengan una fe independiente de la de sus padres y aun de la nuestra. Por eso hemos insistido por tanto tiempo en que cada ser humano debe hacer una decisión «personal» con respecto a su salvación y a su crecimiento cristiano.

Para que esto ocurra, debemos enseñarles a nuestros jóvenes muchas cosas, pero sobre todo tres:

Encontrarse cara a cara con Dios a través de la Biblia.

Debemos enseñarles a nuestros jóvenes a amar, respetar y entender la palabra de Dios. Es imposible que podamos convertirnos en buenos ministros de adoración sin aferrarnos a las Escrituras. Por eso quién quiera ser líder debe considerar seriamente el estudio de la Palabra. Tomar clases en institutos bíblicos, estudiar libros, asistir a capacitaciones, deben ser actividades frecuentes en nuestra vida si queremos ser modelos en cuanto al respeto a la Biblia. Y no hablo de conseguir un título académico. Algunos creen que el seminario se cursa para convertirse en pastores. No necesariamente. Existen muchos cursos que pueden beneficiarnos aunque no hagamos la carrera completa. Necesitamos darles a nuestros jóvenes herramientas de interpretación y una guía coherente de cómo sacarle el jugo a la voluntad revelada de Dios.

Encontrarse cara a cara con Dios en la oración

Parece obvio, pero no lo es tanto. Nuestros jóvenes necesitan aprender a orar. Y no me refiero a repetir frases religiosas en público. Daré solo dos ejemplos de cómo percibimos que son demasiados los lideres en nuestras iglesias que no tienen vida de oración ni saben tenerla porque nadie les enseñó a orar: escuchamos demasiada gente que al orar dice «Señor» cada tres palabras... Imaginen que me pongo a conversar con Emmanuel y le digo: «*Hola Emmanuel, que lindo verte hoy, Emmanuel ¿Qué querías decirme, Emmanuel? Porque, Emmanuel, a mi me gusta hablar contigo. Porque tú, Emmanuel, eres un buen amigo. Las canciones que escribes están bien padres como tú dices, Emmanuel...*». Él pensaría que estoy loco si repito su nombre a cada rato. Y esto es lo que hacemos con el Señor: «*Porque, Señor, nos reunimos hoy en tu casa, Señor, para decirte, Señor, que te amamos, Señor, porque.... Blablablabla Señor, blabla, Señor, blabla, Señor...*». Se hace obvio que no estamos acostumbrados a hablar con él. Otro ejemplo es la manera extraña en que algunos tratan de recordarle a Dios a cada rato lo que dice la Biblia... A mí me dan ganas de decirles: «*Eh, ¡ fue él quien la inspiró, y conoce esos versículos!...*»

Los mismos discípulos le pidieron a Jesús que les enseñara a orar, así que es algo que los jóvenes a los que discipulamos necesitan aprender de nosotros. Comencemos por hacerles entender que la oración no es una repetición de frases religiosas, sino un diálogo y luego expliquémosles qué elementos podemos incluir en nuestro diálogo con el Señor. Elementos como la adoración por lo que él es; la confesión de pecados, tentaciones y debilidades; la acción de gracias por las cosas que él ha hecho; y la intercesión por las necesidades que tenemos.

2. Los jóvenes pueden experimentar a Dios cuando están en comunidad con su familia (**Communitate Cum Deo**)

Hay muchos jóvenes luchando con pecados ocultos dentro de la iglesia, justamente porque no tienen a quién confesarle lo que enfrentan y a quién pedir ayuda.

Cuando miramos la iglesia del Nuevo Testamento resulta increíble lo que leemos en el capítulo dos del libro de los Hechos ¡Era una gran familia! Cuando el autor de la carta a los Hebreos nos recomienda no dejar de congregarnos, no tenía en mente las faltas de los domingos a los cultos sino que nos está aconsejando no perder ese espíritu de comunidad y amistad tan necesario para sostenernos al crecer en la fe. Siempre le digo a los líderes juveniles: Si tus chicos no tienen a sus amigos en la iglesia, los vas a perder en los momentos de crisis. No importa lo bien que prediques ni lo linda que suene la alabanza. Nuestros adolescentes y jóvenes necesitan otros amigos cristianos con los que abrir su corazón para expresar como va su crecimiento cristiano. Yo creo que hay muchos jóvenes luchando con pecados ocultos dentro de la iglesia, justamente porque no tienen a quién confesarle lo que enfrentan y a quién pedir ayuda. Temen decirlo y ser avergonzados en vez de ayudados. El Nuevo Testamento insiste en la frase «los unos a los otros», porque el cristianismo no es para los llaneros solitarios. Debemos vivirlo en familia. Podremos experimentar a Dios en la familia de la fe de una manera que no podríamos si lo hiciéramos solos.

3. Los jóvenes pueden experimentar a Dios a través del servicio. (**Res Divinus**)

No puedo contar la cantidad de veces que llevé a los grupos de jóvenes a poner en práctica la misericordia sirviendo en una comunidad necesitada. El testimonio, después de la experiencia, expresaba a gritos que los jóvenes habían sido más bendecidos que la gente a la que supuestamente habíamos servido. El servicio lima los callos del egoísmo, abre las puertas al cambio y también nos da la posibilidad de experimentar a Dios actuando en nuestras vidas de una manera activa. Varias veces en este libro leímos que la adoración va más allá de la música; de eso se trata precisamente esta avenida que intenta llevar a los jóvenes a una experiencia con Dios. Aquellos líderes que estamos interesados en ver a la nueva generación disfrutar de una relación vertical de transformación horizontal debemos brindar oportunidades de servicio y participación para que los jóvenes experimenten a Dios en el proceso.

Critibanza, quejabanza y alabanza

Uno de los rasgos sobresalientes de los que entienden el sentido de la adoración es que son personas con una actitud positiva y eso lo suelen reflejar con su lenguaje y su carácter. Ser líderes significa desfilar como modelos en las pasarelas de la iglesia y también de la vida. Antes de escuchar lo que tenemos que decir sobre la adoración, los chicos nos miran y ven de qué modo experimentamos nosotros lo que enseñamos. Ellos notan que los verdaderos adoradores tienen la boca llena de «sí», «dale», «podemos», «¡qué lindo!», y no de «no», «no se puede», «¿ese quien se cree que es?» o «¡así es imposible!». Los adoradores auténticos tienen la boca llenas de alabanzas y no de critibanza o quejabanza. ¿A qué me refiero? La critibanza es lo contrario de la alabanza y la quejabanza es lo contrario de la fe.

La critibanza es el idioma de los que viven criticando. Me cansa escuchar a algunos adultos evangélicos que constantemente señalan el pecado o el error en otros, como si eso los hiciera más justos a ellos. Recuerdo haberme criado con varias señoras en la congregación que siempre procuraban descubrir quién vivía en una situación desagradable para conversar sobre eso. Si alguien estaba en problemas, luchando con alguna debilidad o si había tomado alguna decisión equivocada, en vez de entristecerse, parecían disfrutar destacando lo mal que estaba esa persona. Eso, además de chisme y habladuría, muchas veces es un «tira abajo sueños». En muchas ocasiones los errores son parte del proceso de crecer y aun del plan de Dios, y la mayoría de las veces esas habladurías logran que algunos ajusten su comportamiento al qué dirán de la gente y dejen de ser genuinos en su corazón. Si los jóvenes que tratamos de influenciar ven que la critibanza es parte de nuestro lenguaje habitual, se hace obvio que sospecharán de nuestra cara de teleteatro cuando estemos adorando y sentirán poco entusiasmo por vivir lo que nosotros estamos experimentando.

> El servicio lima los callos del egoísmo, abre las puertas al cambio y también nos da la posibilidad de experimentar a Dios actuando en nuestras vidas de una manera activa.

La quejabanza tiene que ver con gente que se vive quejando de todo lo que sucede a su alrededor y olvidan ser agradecidos por la provisión del Señor. Estas personas se vuelven negativas y desestiman sus sueños y también los de los demás. Por varios años he vivido en los Estados Unidos. Esto ha significado tener que lidiar con dos idiomas a la vez. Por un lado el idioma oficial que es el inglés y por el otro el idioma de mi familia y el de nuestro ministerio que es el español. Esta situación ha provocado que muchas veces con mi novia (y ahora esposa) Valeria tuviéramos que hablar un rato en cada idioma, dependiendo de las personas que nos acompañaban. Al hacerlo, en muchas ocasiones mezclábamos las palabras, y en otras armábamos las frases en un idioma, pero intercalando palabras del otro idioma. Y no éramos los únicos. Hay millones de hispanos viviendo en Estados Unidos que al hacer tan común esta práctica han creado un seudo idioma llamado el Espanglish, que es ni más ni menos que hablar mitad en español y mitad en inglés. ¿Por qué lo menciono? Porque así son muchos cristianos. Cuando están en la reunión se llenan la boca de alabanza y ponen cara de teleteatro al cantar: «Hermanito esto..., hermanito, lo otro..., ¡que bendición!..., ¡alabado sea su nombre!...», pero apenas termina el culto, ya se están quejando de todo: «Este mundo es una porquería..., todo va de mal en peor..., esos son unos degenerados..., ya no hay solución para esto...»

Espanglish. O mitad alabanza y mitad quejabanza.

Al intentar ayudar a nuestros jóvenes a experimentar a Dios de una manera fresca, primeramente ellos nos observarán para decidir si desean experimentar lo que nosotros les mostramos.

La alabanza es el idioma de los ángeles y los santos. La critibanza, y la quejabanza son idiomas de los frustrados, de los mediocres y de los que carecen de fe. Hablemos positivamente. No busquemos todas las razones de por qué no se puede lograr lo que otros creen imposible, sino todas las razones de por qué sí se puede lograr. No busquemos siempre lo malo en otros para destacarlo. Recordemos que al intentar ayudar a nuestros jóvenes a experimentar a Dios de una manera fresca, primeramente ellos nos observarán para decidir si desean experimentar lo que nosotros les mostramos.

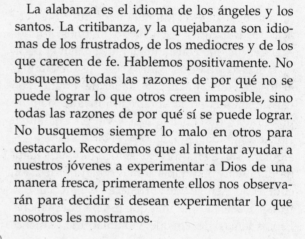

Modelos creativos para reuniones de adoración

9

Por Lucas Leys

Modelos creativos para reuniones de adoración

A lo largo de la historia la iglesia ha hecho uso de diferentes «liturgias» o «programas de culto» para ayudar a los cristianos a tener un encuentro con Dios. La palabra liturgia según el diccionario quiere decir: «Orden y forma con que se llevan a cabo las ceremonias de culto en las distintas religiones» y aunque te suene rara y nunca la hayas usado, lo que cada domingo hacen en tu congregación es una liturgia. Nos podrías decir que no hay nada escrito y que todo está abierto a la guía del Espíritu Santo: pero el hecho de que todos estén sentados mirándose la nuca, comiencen con una oración, luego se paren para cantar, luego se siente para un anuncio, luego pidan la ofrenda, luego vuelvan a pararse para cantar y luego se sienten y venga la predicación...es una liturgia (y si prestas atención... muy probablemente tu iglesia siempre sigue el mismo formato). Muy bien, la noticia es que hay un montón de liturgias de las que puedes beneficiarte y de eso se trata este capítulo. Aquí encontrarás 6 diferentes alternativas que puedes utilizar para realizar reuniones donde quieres que tus jóvenes adoren al Señor de manera fresca e involucrándose con algo más que solo cantar. Los encuentros de adoración creativos que encontrarás en este capítulo son herramientas para guiar a tus adolescentes a la presencia de Dios que hemos adaptado del libro *Worship Services*[1] de Jim Marian y experiencias personales en la pastoral juvenil. Empleando el formato de estas reuniones, podrás llevar a tus chicos fuera de su zona de comodidad en lo que respecta a la adoración, y hacia la interacción con: primeramente Dios y luego entre ellos, con la Biblia y con distintos elementos prácticos que vas a poder incluir. Pero primero aquí te comparto varias recomendaciones de cómo hacer uso inteligente de los formatos de reunión que ahora aparecen.

Cómo usar estos Encuentros de Adoración

La belleza de la creatividad de Dios radica en que no hay una única forma patentada para adorar. Por eso, no es el formato lo espiritual sino la presencia de Dios y el objetivo de la reunión lo que hacen al formato una herramienta espiritual. Pide sinceramente al Espíritu Santo que te guíe y presta atención a las siguientes sugerencias:

• Sé selectivo.

Estas reuniones son más apropiadas para determinadas épocas del año (como Pascua o Navidad), mientras que otras pueden ser utilizadas en cualquier momento, e incluso puedes emplearlas para retiros especiales o campamentos. Examina cada encuentro a la luz de su impacto potencial en las vidas de tus chicos, y planifica a partir de ahí.

• Familiarízate con cada encuentro y prepáralo con tiempo.

Estos encuentros están básicamente completos porque tienes un orden con todos los elementos ubicados de principio a fin… pero eso no significa que no debas prepararte. Siempre es más fácil hacer siempre lo mismo y puede que sea más rápido y más fácil (en el corto plazo) llevar adelante una reunión de jóvenes por tus propios medios. Pero estas no son reuniones de jóvenes… son encuentros de adoración para jóvenes. Esto implica que se requiere la participación de los chicos si se espera que ocurra una verdadera adoración. Así que tómate un tiempo para preparar las dramatizaciones, las oraciones, la música, y las lecturas, y realiza todo esto con los adolescentes y con otros líderes como voluntarios. El tiempo que inviertas en planificar *con ellos* les dará seguridad y confianza en el momento en que colaboren para dirigir al grupo en la adoración.

• Sé abierto a diferentes estilos y experiencias de adoración.

Hay una enorme variedad de gustos, estilos, y preferencias cuando se trata de adoración. Hay también una gran sabiduría en reconocer la validez de muchas de estas formas, y hay aun *más* sabiduría en «probar» algunos de estos estilos que difieren de tu propia tradición (y todos tenemos nuestras tradiciones, aunque no te guste llamarlas así).

Cualquiera sea tu estilo, utiliza algunas de las ideas de este capítulo como un catalizador para ampliar las ideas de tus jóvenes y ayudarlos a apreciar prácticas de adoración diferentes de las que están acostumbrados. Estos encuentros tienen el potencial de sacar a tus adolescentes fuera de sus zonas de comodidad.

• Calcula bien el tiempo.

La mayoría de estos encuentros tomarán alrededor de una hora; algunos un poco más, algunos un poco menos. Dado que el tiempo de duración de las reuniones en cada grupo de jóvenes es distinto, debes hacer los ajustes necesarios para adaptar estos eventos a tu situación particular. Por supuesto, quita alguna parte si debes hacer que entre en el tiempo que tienes determinado. Pero no recortes cada parte del encuentro un poco, intentando hacer que entren todas por la fuerza, porque el evento perderá su efectividad. A veces toma un tiempo el entrar en un clima de concentración respecto a la adoración… pero una vez que todos estén allí, no querrás apurarlos para que salgan. Los tiempos que aparecen en las liturgias son recomendaciones, pero deja al Espíritu ser el Señor del tiempo.

• Adapta el evento al tamaño particular de tu grupo y a las condiciones de espacio.

Con un poco de creatividad, cada uno de estos encuentros puede funcionar bien para un grupo de cualquier tamaño. Variar iluminación, escenario, lugares para sentarse, multimedia, y sonido pueden ser elementos importantes.

Haz lo que esté en tus manos para crear el mejor entorno posible para cada encuentro. En algunos casos, el efecto de un evento puede ser realzado si se reúnen en algún lugar distinto de su lugar de reunión habitual.

• Sé flexible.

Debido a que estos eventos están diseñados para guiar a los adolescentes a una interacción directa con Dios, es probable que te encuentres con situaciones en las que salten a la superficie heridas, luchas, necesidades, o alegrías. Puede que tus adolescentes quieran hablar contigo o con algún otro líder o voluntario en un tiempo de ministración personal.

Así que sé flexible, y adáptate a las necesidades inmediatas de tus jóvenes. No te ates al orden de la reunión si sientes que Dios está guiando las cosas en otro sentido. El propósito de estos encuentros es que Dios obre en tus chicos, y que ellos le respondan. Si esto se logra sin terminar la reunión del modo en que la liturgia lo tiene planificado, pues que así sea.

• Recuerda lo que la adoración es.

Puede que este sea el mayor (o el único) tiempo de intimidad directa con Dios que tus chicos tengan en toda la semana. Yo sé (como tal vez tu sepas también) lo que se siente estar tan ocupado que simplemente armas las reuniones de jóvenes porque tienes que tener «algo» listo.

Intenta tranquilizarte y tomarte tu tiempo con estos encuentros. Encomienda cada aspecto de la reunión a Dios. Pídele que él lidere *a través* tuyo mientras ministras a tus chicos. Pide a los padres que estén orando dondequiera que se encuentren mientras se llevan adelante las reuniones. Y revisa tu propio corazón, también, antes de liderar a otros en adoración. Luego confía en que Dios obrará, de manera visible e invisible, en los adolescentes de tu grupo.

REUNIDOS AL PIE DE LA CRUZ

Recordando la crucifixión

Panorama general

Nosotros adoramos a Cristo porque él murió por nosotros. Esta reunión está diseñada para llevar a tus adolescentes al pie de la cruz, para que ellos puedan salir habiendo visto y comprendido el sacrificio sin igual de Cristo, y su amor incondicional por ellos. El encuentro captará la imaginación de tus adolescentes a través del uso de video, narración, música, meditación, confesión, y del acto físico de clavar sus pecados en una cruz.

Elementos

- Oración de apertura dirigida por un adolescente
- Pensamientos devocionales introductorios
- Concentrarse en la cruz (opción de video o narración)
- Pensamientos devocionales
- Música especial / reflexión personal (escribir / confesar pecados)
- Alabanza y adoración / respuesta personal (clavar los pecados en una cruz)
- Oración de cierre
- Alabanza de cierre (opcional)

Voluntarios que se necesitan

- Adolescente para dirigir la oración de apertura
- Solista o grupo de músicos para la música especial (opcional)
- Líder adulto para cerrar en oración

Preparación del salón

Puede que la habitación que utilizan normalmente sea luminosa y estridente durante una reunión de jóvenes típica. Este día, haz lo necesario para oscurecer la habitación, salvo por una única luz (un reflector, una gran linterna, o hasta velas estarían bien) iluminando una gran cruz de madera tosca y rudimentaria, que se encontrará en alguna parte de la habitación. La música instrumental también puede ayudar a reforzar la atmósfera más sombría de esta reunión. El objetivo no es deprimir a nadie, sino que los adolescentes puedan contemplar seriamente el verdadero significado de Cristo y de su sacrificio por ellos.

Listado de materiales

☐ Música instrumental (opcional)
☐ Video con escenas de la cruz (opcional)
☐ Material para narración: «Seis horas de un viernes» (opcional)
☐ Canción especial para el momento de reflexión personal
☐ Música para la adoración grupal:

Primera serie:

Una serie de canciones que hablen acerca de la cruz (acerca de cómo Jesús llevó nuestros pecados tan lejos como el este se encuentra del oeste, acerca de la sangre de Jesús y de que no hay nada igual a ella, acerca de cómo ella limpia nuestros pecados y nos deja blancos como la nieve, acerca de que luego del sacrificio de Jesús no necesitamos nada más, o acerca de cuánto nos ama él.)

Segunda serie:

Un par de canciones para regocijarse en la alabanza al Señor.

☐ Gran cruz de madera (la puedes hacer con dos tablas grandes)
☐ Clavos de herradura, uno para cada adolescente (puede ser, en realidad, cualquier tipo de clavos)
☐ Maza o martillos. Sugerimos los clavos de herradura y la maza por su apariencia más «bíblica». Sin embargo, un martillo moderno y clavos comunes también pueden servir. Los jóvenes clavarán pedazos de papel a la cruz de madera, así que tú debes probar el martillo y los clavos con anterioridad para asegurarte de que ellos no tendrán ningún problema cuando intenten hacerlo.
☐ Trozos de papel para cada uno y lápices (los más que puedas para que no pierdan tiempo)

Oración de apertura dirigida por un adolescente
(2 minutos)

Haz que un adolescente ore para que los corazones y mentes estén enfocados en Cristo, pidiendo que Dios dé una comprensión fresca, real, y personal de su sacrificio en la cruz.

Pensamientos devocionales
(5 minutos)

El objetivo aquí es hacer que los jóvenes abran sus mentes nuevamente al impacto personal de la cruz, a pesar de que se trata de una historia y un símbolo absolutamente familiares. Di algo como esto:

En la sociedad de hoy, una cruz representa diferentes cosas para diferentes personas. Para algunos, una cruz puede ser...
- **un símbolo religioso**
- **un signo de rebelión**
- **un accesorio de moda**
- **un símbolo del sacrificio de Cristo por los pecados**

Aun para aquellos de ustedes que efectivamente comprenden que una cruz es un símbolo del sacrificio de Cristo por sus pecados, puede que la historia les resulte tan familiar que casi sientan apatía al respecto... y sin embargo es el evento más importante y profundo en la historia humana. Sin la muerte de Cristo y su resurrección no habría ninguna esperanza para nosotros (1 Corintios 15:14). Abre tu corazón y tu mente para comprender, en un modo nuevo y más profundo, el maravilloso sacrificio de Cristo por ti.

Concentrarse en la cruz
(opción de video o narración)
(5 minutos)

Prosigan el encuentro con uno de los siguientes modos de representar los eventos que tuvieron lugar en la cruz. Durante este tiempo, simplemente vayan pasando un recipiente con los clavos de herradura, y pide a los adolescentes que cada uno tome un clavo y lo tenga en su mano por el resto de la reunión (los utilizarán al final). El clavo es un poderoso símbolo que los ayudará a mantenerse concentrados en la cruz.

Busca algún video con escenas de la cruz. Una porción bien selecciona-da de una película puede ser una poderosa herramienta visual y musical que mantendrá la atención de tus jóvenes concentrada en la cruz.

Hay videos muy populares, como la película "Jesús" (distribuida por Cruzada Estudiantil), o la película "La pasión" (de Mel Gibson), o el video "Secret Ambition" (de Michael W. Smith) que pueden conseguirse fácil-mente para su compra o alquiler en distintos comercios o en librerías cristianas.

Opción de narración

Bajen la iluminación de la habitación, y pide a tus adolescentes que cie-rren sus ojos y traten de visualizar la historia de la muerte de Cristo a medida que tú se las vas leyendo en voz alta (Mateo 27:27-37, 45-50).

Leer el relato de un libro como «Seis horas de un viernes» de Max Lucado (capítulo 13) también puede resultar muy efectivo porque se pre-sentan los eventos desde una perspectiva nueva para tus jóvenes.

Más pensamientos devocionales
(5 minutos)

Habiéndose concentrado en la muerte de Cristo en la cruz, vuelve a enfati-zar algunos de los detalles dolorosos para ayudar a hacerlo real para los ado-lescentes (Mateo 27:27-37, 45-50). Recorre para ellos en voz alta el progreso de la pasión de Cristo:

Versículos 27-29

Los guardias se burlaron de él, vistiendo a Jesús como un rey. Su cabeza fue perforada por espinos largos y afilados. Visualiza la sangre corriendo por su cara.

Versículo 30

Lo escupieron, lo cual era la forma más profunda de insulto en la cultura judía.

Versículo 32

Jesús se encontraba ya tan débil por los 39 azotes que había recibido, que ni siquiera podía cargar la madera de su cruz.

| Versículo 34 | Jesús se negó a beber el vino mezclado con hiel (vinagre), porque le estaba siendo dado para adormecer sus sentidos. Jesús no quería adormecer el dolor de su muerte. |

| Versículo 35 | Grandes clavos atravesaron las muñecas y los pies de Cristo, y luego fueron clavados profundo en la madera de la cruz. El cuerpo de Cristo recibió una dolorosa sacudida cuando la cruz cayó violentamente en su agujero. Con el cuerpo extendido en la cruz, la persona usualmente moría de asfixia. Algunos sobrevivían por unos días en la cruz, sufriendo una muerte terrible. |

La cruz fue brutal, pero ¿qué fue lo que en verdad puso a Cristo allí?

- ¿Los romanos? ¿Los judíos? No… fuimos nosotros.
- Nosotros merecemos la muerte por nuestros pecados. Nosotros deberíamos haber estado allí colgados, no Cristo (Romanos 3:23, 6:23).
- Cristo nos ama tanto que él eligió tomar el castigo por nuestros pecados para que nosotros pudiéramos tener vida para siempre, en lugar de muerte eterna en el infierno (Romanos 5:8).

Música especial / reflexión personal
(5 minutos)

Busca una canción hermosa y conmovedora que hable acerca del sacrificio de Cristo en la cruz. Pide a uno de tus adolescentes, líderes, o a un conjunto musical de adolescentes que cante esta canción mientras el resto oye su mensaje y se toma un tiempo para pensar y reflexionar en forma personal.

Aunque una interpretación en vivo de la canción tiene un impacto más fuerte, también puedes usar una grabación o CD y pedir a los adolescentes que mediten en las palabras a medida que escuchan.

Durante la canción, pide a los jóvenes que escriban uno o varios pecados con los que se encuentren luchando actualmente. Aclárales que ellos pueden escribir todo lo que quieran; los papeles son anónimos y no serán leídos por nadie más. Aliéntalos a ser honestos y serios, teniendo presente que fueron sus pecados los que llevaron a Cristo a la cruz, pero también que fue su sacrificio lo que los limpió, promoviendo una respuesta de gratitud y adoración. Pide a los adolescentes que plieguen sus papeles y los mantengan en sus manos.

Alabanza y adoración / respuesta personal
Clavar nuestros pecados en la cruz
(20 minutos)

A continuación de la música especial, pasen a un tiempo de alabanza y adoración a través del canto. Luego de la primera canción, indica a los jóvenes que se levanten de sus asientos y vayan acercándose a la cruz de madera que has ubicado previamente en la habitación. Los jóvenes deberían ponerse de pie y acercarse a la cruz en forma individual, no en un orden predeterminado sino en el momento en que se sientan guiados a hacerlo, durante cualquier parte del canto.

Cuando se acercan a la cruz, haz que de a uno por vez vayan tomando su clavo de herradura y el mazo, y que físicamente claven sus pecados en la cruz. Cuando hayan finalizado, diles que se arrodillen, ya sea junto a la cruz o en sus asientos, imaginándose a ellos mismos solos al pie de la cruz mientras Jesús paga el precio por sus pecados. Continúen su tiempo de adoración hasta que todos los jóvenes hayan pasado al frente, a la cruz.

Una nota acerca de la logística de esta actividad: si por las características de la cruz o por el número de jóvenes resulta difícil llevarla a cabo de esta forma, una variante es que en lugar de clavar con la maza sus pecados, simplemente inserten sus papeles en un clavo o unos clavos fijos que previamente hayas clavado tú en la cruz. Igualmente pueden repartirse al principio los clavos de herradura, para que cada adolescente guarde el suyo como un recordatorio del sacrificio de Cristo.

Elige una serie de canciones (pueden ser nuevas o viejas) que hablen acerca de la cruz. Puedes buscar canciones que hablen acerca de cómo Jesús llevó nuestros pecados tan lejos como el este se encuentra del oeste, acerca de la sangre de Jesús y de que no hay nada igual a ella, acerca de cómo ella nos deja blancos como la nieve, acerca de que luego del sacrificio de Jesús no necesitamos nada más, o acerca de cuánto nos ama él.

Oración de cierre
(2 minutos)

Pide a un líder adulto que ore, agradeciendo a Dios por el sacrificio de Cristo, por su amor, y por su perdón.

Alabanza de cierre (opcional; 2-5 minutos)

Una o dos canciones movidas de alabanza ayudarán a tus adolescentes a salir de la reunión concentrados, pero alegres. Busca un par de canciones para regocijarse en la alabanza al Señor, y cántenlas para cerrar el encuentro.

EL SIGNIFICADO DEL PESEBRE

Una respuesta personal al nacimiento de Cristo

Panorama general

Este creativo encuentro de adoración guiará a los adolescentes cada vez más profundo hacia una respuesta personal al nacimiento de Cristo. Al ver las respuestas de personas elegidas al azar (en video o audio), de personajes bíblicos (en la representación), y luego finalmente sus propias respuestas a través de la oración y meditación, la familiar historia de la Navidad se hace nueva, fresca, y con un poderoso impacto capaz de transformar sus vidas y las vidas de otros.

Elementos
- Adoración a Dios a través de la música (himnos de Navidad)
- Oración de apertura
- Música especial y/o danza de adoración
- Video (o grabación) producido por los adolescentes (opcional)
- **Monólogos de Navidad** (por adolescentes o líderes, que cuentan la historia del nacimiento desde cuatro perspectivas diferentes)
- Reflexión silenciosa
- Oración y alabanza de cierre

Voluntarios que se necesitan
- Adolescente para dirigir la oración de apertura
- Solista o grupo de músicos para la música especial
- Personas que dancen (opcional)
- Jóvenes para producir el video (o grabación) (opcional)
- Cuatro actores, tres varones y una mujer
- Adolescente o líder para leer los pasajes bíblicos

Preparación de la habitación

El único arreglo especial que se precisará será para el momento de la representación. Bajen la intensidad de las luces, y utilicen algún tipo de reflector para realzar el drama y la seriedad de la presentación. Antes de cada monólogo, haz que un adolescente o líder lea el pasaje indicado de las Escrituras, ya sea desde el frente o con un micrófono en off (fuera del escenario y de la vista del público).

Listado de materiales
☐ Música para los himnos grupales:
Primera serie:
- «Oíd un son en alta esfera»
- «¡Al mundo paz, nació Jesús!»
- «Venid, fieles todos»

Segunda serie:
- «¡Oh aldehuela de Belén!»
- «¿Qué niño es este?»
- «Tú dejaste tu trono y corona por mí»

Tercera serie:
- «Jesús en pesebre»
- «Más precioso que la plata»

Cuarta serie:
- «Noche de paz»

☐ Canción especial (con opción a ser acompañada por danza)
Video producido por los adolescentes (opcional). Envía a algunos adolescentes o líderes a un centro comercial o a una plaza para que graben en video las respuestas de distintas personas a la pregunta: «¿Qué significa la navidad para usted?» Sean creativos y elijan una variedad de personas para entrevistar. Una variante si no cuentan con cámara de video, es realizar las mismas entrevistas pero en audio, con un grabador de mano.
☐ He aquí algunas sugerencias:
- Un niño de tres años
- Una persona mayor (+ de 80)
- Un policía
- Un comerciante local
- Estudiantes
- Personas haciendo sus compras
- El Santa Claus del centro comercial

☐ Copias de los **Monólogos de Navidad** para los actores (los encontrarás al final)
☐ Trajes «bíblicos» para José, María, el rey Herodes, y Simeón.

Adoración a través del canto
(himnos de Navidad)
(5 minutos)

Comiencen su encuentro con un tiempo de adoración a través del canto. Los himnos tradicionales crean una atmósfera «navideña» y preparan a los adolescentes para lo que experimentarán más tarde. Pueden probar de utilizar arreglos o acompañamientos contemporáneos para dar a estos himnos de Navidad tradicionales una sensación fresca:

- «Oíd un son en alta esfera»
- «¡Al mundo paz, nació Jesús!»
- «Venid, fieles todos»

Oración de apertura
(2 minutos)

Haz que un adolescente dirija la oración de apertura, agradeciendo a Dios por el regalo de su Hijo, e invitando al Espíritu Santo a que abra los corazones de un modo nuevo al poder e impacto del hecho de que Dios vino y vivió con nosotros aquí en la tierra.

Música especial / danza de adoración
(5 minutos)

Busca una canción hermosa y profunda acerca del nacimiento de Cristo. Haz que un joven o líder cante esta canción para el grupo. La canción también puede ser acompañada por alguien con una danza o movimientos de adoración mientras se canta o se escucha de un CD. Alienta a los adolescentes a meditar cuidadosamente en la letra de la canción. Por ejemplo, si la canción habla de María, y de su humildad y dependencia a Dios en el tiempo del nacimiento de Cristo, sugiéreles que intenten imaginar los pensamientos y las emociones de María en ese momento.

La canción «El Niño de Belén» de Marcos Vidal es una opción.

Opción de video
(5 minutos)

En lugar de, o además de la música especial, muestren al grupo el video (o grabación en audio) de la encuesta «¿Qué significa la navidad para usted?»

Monólogos de Navidad
(20 minutos)

A través del video (o grabación), tus chicos han podido escuchar las respuestas de otras personas sobre el significado de la Navidad. Ahora, a través de una representación, llévalos atrás en el tiempo al momento mismo del nacimiento de Cristo, y oigan las respuestas de aquellos que se encontraban allí. Selecciona cuatro actores decididos (jóvenes o adultos) para presentar los posibles comentarios de José, María, el rey Herodes, y Simeón, acerca del nacimiento de Cristo (encontrarás los guiones al final). Aunque son de ficción y en tono humorístico, estos monólogos también son significativos en sus mensajes. Cada escena es introducida por un pasaje de las Escrituras, leído desde el frente o con un micrófono por una voz en off.

Introducción:

Hemos visto lo que el mundo tiene para decir acerca del nacimiento de Cristo. Pero, ¿qué impacto tuvo su nacimiento en las personas que estaban allí en ese tiempo? Déjate llevar atrás en el tiempo y ser tocado en un modo nuevo por la noticia del nacimiento de Cristo...

Orden de las lecturas y los monólogos representados:
• Lectura de Mateo 1:18-21
• Monólogo de José
• Lectura de Lucas 1:26-35
• Monólogo de María
• Lectura de Mateo 2:1-8
• Monólogo del rey Herodes
• Lectura de Lucas 2:21-35
• Monólogo de Simeón

Reflexión silenciosa
(3-4 minutos)

El encuentro de adoración ahora pasa de las respuestas de otros frente al nacimiento de Cristo, a un tiempo de reflexión personal para tus adolescentes. Mantén las luces de la habitación bajas, para ayudar a tus chicos a ingresar en un tiempo de reflexión y meditación reverente.

¿Cómo has respondido *tú* al nacimiento de Cristo en esta época de Adviento?

- ¿Haciendo una lista de las cosas que deseas de otros?
- ¿Mirando películas de Disney sobre la Navidad?
- ¿Comiendo el triple de lo normal?
- ¿O has respondido cayendo a los pies de Dios en adoración por el regalo más asombroso, milagroso, y generoso que jamás recibirás: su propio Hijo, Jesucristo...? ¡Tómate el tiempo ahora para incluir a Cristo en tu Navidad! Algunos de ustedes tal vez quieran considerar también alguna clase de regalo tangible, personal, o espiritual, que puedan dar como respuesta de adoración al regalo supremo que Dios nos hizo.

Oración y adoración de cierre
(10-15 minutos)
Sugerencias para canciones de adoración y oraciones entrelazadas...

Canciones:
- «¡Oh aldehuela de Belén!»
- «¿Qué niño es este?»
- «Tú dejaste tu trono y corona por mí»

Oración:
Invita a los adolescentes a orar en voz alta, agradeciendo a Dios por el nacimiento de su Hijo y por todo lo que significa para ellos.

Canciones:
- «Jesús en pesebre»
- «Más precioso que la plata»

Oración:
Invita nuevamente a los jóvenes a orar en voz alta. Aliéntalos a orar para que Dios los use para compartir el verdadero mensaje de la Navidad con algún amigo o pariente no cristiano.

Canción de cierre:
- «Noche de paz»

MONÓLOGO DE NAVIDAD

~~ JOSÉ ~~

Saben… he estado viendo el mobiliario que tienen por aquí… *(mueve la cabeza por un momento, como mirando alrededor)*… muy triste. Demasiado plástico y madera aglomerada para mi gusto. Pero bueno, es que soy un hombre que ama la madera. Carpintero de oficio. Ah, disculpen, permítanme presentarme. Mi nombre es José. Sí, yo solía ser bastante conocido por mi trabajo, pero claro está, ahora soy conocido por otra cosa.

Verán, mi hijo… o tal vez debería decir mi hijo adoptivo, es Jesús de Nazaret. Digo eso porque aunque lo crié como si fuera mío, su padre natural es el mismísimo Jehová.

Seguro, es fácil hablar de eso ahora. Pero su momento realmente llevó un tiempo el acostumbrarse a la situación. Verán… María y yo estábamos comprometidos para casarnos, y yo estaba muy entusiasmado con la idea. Ya saben, siendo un matrimonio arreglado yo estaba preparado para lo peor, pero cuando la vi… ¡wow! Y cuando comencé a conocerla mejor… ¡fue aun mejor! Ella era dulce, pura, tenía una conducta agradable a Dios, y un gran sentido del humor también.

De hecho, yo pensé que era una broma cuando ella me dijo, apenas unos meses antes de nuestra boda, que estaba embarazada. «¡Sí, claro!», le dije, «¡Y el Rabino come jamón!» *(risas)* Pero luego la miré a los ojos y supe en un instante que esta no era ninguna broma. Sus ojos se llenaron de lágrimas, al tiempo que estallaban mi enojo y mi indignación. «¿¡Que estás <u>qué</u>?!», grité yo. «¿Quién es el padre? ¡No puedo creerlo! Quiero decir, ¿acaso eres una prostituta?»

Fueron sus sollozos casi silenciosos los que hicieron que me calmara lo suficiente como para finalmente escuchar. Allí estaba ella, esta jovencita tan tierna y delicada. La chica que yo amaba. Y ella me dijo que aún era virgen, que había quedado encinta por el Espíritu Santo, y que un ángel le había dicho que daría a luz al Mesías, el Hijo de Dios.

Yo escuché su historia pero, debo admitirlo, cuando la dejé ese día yo aún estaba bastante seguro de que ella era una mentirosa, o bien que estaba simplemente loca. A mi me importaba ella, pero igualmente no sabía qué hacer. No fue hasta que yo también fui visitado por un ángel que comencé a comprender. Los ángeles dijeron que lo que María me había dicho era cierto. Ella llevaba en su vientre al Hijo del Dios Altísimo, y yo… *(con ternura)* …Yo iba a ser su papito.

Bueno, ustedes ya conocen la historia desde ahí. Ya saben, yo no planifiqué nada de lo que sucedió, pero mirando atrás ahora veo que todo ocurrió de acuerdo a las profecías y al plan de Dios. Y supongo que esa es la historia de cómo mi hijo se convirtió en mi Señor.

(Mirando hacia arriba) Jehová… Gracias por permitirme conocer de cerca a tu Hijo… él es un gran chico.

MONÓLOGO DE NAVIDAD

 MARÍA

Saben, tal vez hoy en día esta cuestión de los embarazos adolescentes no es gran cosa, pero créanme, tendrían muchos menos embarazos de este tipo en esta época si tuvieran reglas como las que nosotros teníamos. Bajo la ley judía, si tú le eras infiel a tu prometido, entonces eras deshonrada públicamente, te desnudaban y te arrojaban piedras hasta que morías. ¡Ese sí que es un argumento bastante bueno a favor de la abstinencia, me parece a mí!

Por eso fue que yo me conmocioné bastante cuando un ángel vino a mí y me dijo que yo iba a quedar encinta. Por supuesto, mis primeros pensamientos fueron de pánico, pero el ángel parecía saber esto. Me dijo que no tuviera miedo, porque yo iba a dar a luz al Hijo de Dios. El Mesías. *(Pausa)* Cualquiera pensaría que yo iba a desesperarme, pero no tengo palabras para describir la calma y la paz que me envolvieron.

No me malinterpreten, yo nunca pensé que la cosa fuera a ser fácil. Primero le tuve que decir a José… ¡y vaya si se puso nervioso al principio! Luego vinieron las náuseas matutinas… y luego el viaje a Belén… *(Sarcásticamente)* ¡Muy oportuno! Ya conocen todos esos retratos de mí entrando a la ciudad sobre el lomo de un burro, ¿verdad? Bueno, ¡no crean nada! Yo fui a pie <u>todo</u> el trayecto, ¡y mis tobillos estaban *tan* hinchados! Y por favor, ni hablemos del establo… ¡Mis ropas olieron a estiércol por una semana! Bueno, no fue un jardín de rosas, pero ya saben… yo todavía tenía esa paz, porque Dios estaba conmigo.

Parecía que esa noche no tenía fin. El viaje. La suciedad. ¡El dolor! Ay, yo oraba a Dios para que todo terminara pronto. Pero cuando finalmente nació Jesús y yo miré la pequeña carita enrojecida y arrugada de ese dulce niño, mi oración se convirtió en una oración de alabanza. Estaba mirando a los ojos de Dios.

MONÓLOGO DE NAVIDAD

∼HERODES∼

Ser el gobernante de Judea solía ser muy divertido. Impuestos para recolectar, prisioneros para torturar, concubinas para… bueno, ya entendieron la idea. Pero últimamente ha sido una verdadera carga. Los judíos han estado inquietos, buscando a su «Mesías», su nuevo «rey».

¿Acaso no lo comprenden? <u>Yo</u> soy su rey. Ellos no deben tener ningún otro rey aparte de <u>mí</u>. Yo soy Herodes, gobernante de toda Judea.

Ustedes tal vez se pregunten por qué estoy tan preocupado por esto justo en este momento. Por supuesto, hace tiempo ya vengo escuchando todo el discurso, las profecías acerca del Mesías que iba a venir. Pero hasta hace poco, eso era todo… tan solo palabras acerca de algo que <u>podía llegar a ocurrir</u> algún día. Pero ayer recibí una visita que, debo admitir, me ha puesto un poquito nervioso. Llegó una enorme caravana de científicos reales, astrólogos, y gobernantes del este. Ellos creen que ha aparecido una estrella que marca el nacimiento del Mesías Judío. ¡Y han viajado cientos de kilómetros para buscar y adorar al nuevo rey!

¿Qué les importa a ellos? ¡Si ni siquiera son judíos!

Bueno, no hace falta decir que todo esto me perturbó bastante. No puedo creer que pueda efectivamente haber ocurrido. ¡Pero no voy a ser desplazado por un bebé! Verdaderamente soy el rey. Bueno, hice una buena jugada… Verán, les dije que cuando encuentren a este niño rey, me avisen dónde está así <u>yo</u> puedo ir a adorarlo también *(risa siniestra; luego continúa sarcásticamente)* Sí… le voy a dar una bienvenida real… ¡con la punta de una espada!

Rey de los Judíos o no, va a hacer falta algo más que un bebé para superar al viejo Herodes. Quiero decir, ¿quién se cree él que es? ¡¿Dios?!

(Sale murmurando…)

¡Judíos!… ¿Por qué no acepté que me transfirieran a Decápolis cuando tuve la oportunidad?

MONÓLOGO DE NAVIDAD

SIMEÓN

Ya saben, los judíos hemos tenido muchos momentos difíciles. Conquistados aquí, esclavizados allá, entrando y saliendo de la tierra prometida cada dos generaciones… Ha habido mucho sufrimiento. Y lidiando con el gobierno romano; algunas personas estaban perdiendo las esperanzas. Ya había pasado tanto tiempo desde que el Mesías nos había sido prometido. Algunos estaban empezando a creer que nuestro libertador, el Cristo prometido, nunca vendría.

Yo me encontraba en mi habitación un atardecer, clamando a Dios por los pecados de nuestro pueblo. Y yo le pregunté cuándo vendría el Mesías. Mientras oraba en mi habitación oscura, debo haberme quedado dormido (¿no detestan cuando eso les ocurre?), porque repentinamente fui despertado por una voz y una luz tan brillante que casi me dejó ciego. La voz dijo «Simeón, Simeón, tu fidelidad será recompensada. Yo te digo hoy que no dejarás esta tierra hasta que tus ojos hayan visto al Mesías prometido.»

A partir de ese momento me regocijé grandemente. Me llené de nuevas esperanzas, y comencé a decirle a todo el mundo que el Mesías estaba cerca. A medida que pasaron los meses y los años, mi salud comenzó a deteriorarse. Sin embargo, aun viejo como era, yo salía cada día al templo, vigilando y esperando a aquel que me había sido prometido.

Hoy, mientras subía los peldaños para llegar al atrio, yo estaba atravesando la muchedumbre habitual cuando vi a una pareja pobre entrando con un bebé. No era una escena inusual; los padres a menudo vienen al templo con bebés para que sean circuncidados o bendecidos.

Yo eché una mirada casual a esta pareja, cuando una voz me habló: «He aquí tu Mesías.»

Me acerqué despacio a la pareja. Tan jóvenes. Tan pobres. ¿Podía ser verdaderamente que el rey prometido viniera como un bebé, y de una familia así? Yo había estado esperando un rey, un gobernante, un hombre crecido, con autoridad y poder. No un bebé indefenso. Y sin embargo, cuando miré el rostro de este bebé, Dios me habló nuevamente: «He aquí mi Hijo.» Yo le pregunté a la joven pareja si podía sostener en brazos a su bebé. Mientras la madre me lo daba, me susurró: «Su nombre es Jesús.»

«Jesús, Señor Jesús,» dije yo mientras lo sostenía en brazos. Yo grité para que todos me oyeran en el patio del templo: «¡He aquí nuestra salvación! ¡Yo ya puedo morir en paz porque he visto al libertador que se nos había prometido!» Bueno, así fue. Esa es mi historia. Desde entonces, he estado diciéndole a todo el mundo que el Mesías finalmente ha llegado. Muchos lo han creído y están regocijándose como yo. Y aunque algunos todavía dudan, yo sé que ellos lo verán a su tiempo. Después de todo, él no va a ser un bebé para siempre…

¿CUÁN GRANDE ES TU DIOS?

Descubriendo el carácter de Dios el Padre

Panorama general

Todos los jóvenes atraviesan tiempos en los que sienten que Dios es impersonal y que no está involucrado en sus vidas. Este encuentro de adoración se focaliza en Dios el Padre y está diseñado para revelar el carácter de Dios, para ayudar a los adolescentes a comprender que él es ambas cosas: grande y personal.

Cuando los adolescentes logran una comprensión más profunda de quién es Dios, esto solo puede inspirar una respuesta de adoración. Este encuentro emplea una enseñanza práctica, así como también oración, y un tiempo de adoración singular que incluye el dar un «regalo de obediencia» como un acto de adoración a Dios.

Elementos

Los adolescentes serán guiados a una experiencia de adoración enfocada en la persona y el carácter de Dios, a medida que responden e interactúan con los elementos de la reunión:
• Alabanza y adoración
• Llamado bíblico a la adoración
• Oración de apertura dirigida por un adolescente
• Entrevistas en video (o audio) producidas por los adolescentes
• Tiempo de oración creativa por parte de los adolescentes
• Lo que Dios dice al respecto
• Alegoría espiritual
• Adoración a través de la música y un «regalo de obediencia»
• Enseñanza práctica de la masa para modelar

Voluntarios que se necesitan

• Adolescente para leer un pasaje de las Escrituras y dirigir una oración de apertura
• Adolescentes o líderes para producir un video (o grabación en audio) de entrevistas
• Dos líderes adultos para leer pasajes de las Escrituras

Listado de materiales

☐ Música para la adoración grupal:

Primera serie:

Una serie de canciones que hablen acerca de que Dios es un Rey, de que es asombroso, todopoderoso, santo, acerca de Dios como Padre, y lo grande que es él.

Segunda serie:

Un par de canciones acerca de lo grandioso que es el Señor, y de cómo nosotros nos maravillamos al ver su grandeza.

☐ Entrevistas en video o grabaciones de audio. Durante la semana anterior a la reunión, tú, o algún miembro de tu equipo, o algunos adolescentes, deben salir a la comunidad (los centros comerciales o las áreas de recreo son buenas posibilidades) y grabar las respuestas de entre cinco y diez personas a la siguiente pregunta: «¿Cómo o en qué medida está involucrado Dios en tu vida?» Seguramente van a obtener una variedad de respuestas.

☐ Copias de las **tarjetas de Oración Anónima** y de las **tarjetas de Mi Regalo para Dios** suficientes para todos los adolescentes.

☐ Prepara una gran caja de regalo para Dios. Debería estar envuelta como un regalo elegante, con una ranura para poder meter las **tarjetas de Mi Regalo para Dios.**

☐ Lápices o lapiceras suficientes para todos.

☐ Suficiente masa (encontrarás la receta a continuación) como para que cada persona pueda tener el equivalente al volumen de una naranja pequeña. En lugar de fabricarla, también puedes utilizar masa para modelar comercial, arcilla, o plastilina.

Receta de masa

Rinde lo suficiente como para que alrededor de 25 personas tengan una porción pequeña. Dupliquen o tripliquen las cantidades de acuerdo a lo que sea necesario para su grupo.

1 taza de harina

2 cucharaditas de cremor tártaro

_ taza de sal

1 cucharada de aceite de cocina

1 taza de agua

1 paquete de polvo para preparar jugos frutales (como Kool-Aid, Ki-Suco, Q-Refres-Ko u otras), siempre que sea **no endulzado** (ni con azúcar, ni con edulcorante artificial).

Mezclar los ingredientes secos (menos el polvo para preparar jugos) en una olla o sartén profunda. Agregar el aceite, el agua, y el polvo para preparar jugos (seco). Cocinar a fuego mediano revolviendo constantemente, durante cinco minutos o hasta que la preparación se despegue de la olla. Retirar del fuego y dejar enfriar un poco. Amasar para suavizar la consistencia y para hacer más parejo el color.

Luce y se siente como la masa de colores que se vende para que jueguen los niños, huele muy bien, y no es tóxica. Dura indefinidamente sin necesidad de conservarla en el frío, tan solo hay que asegurarse de guardarla en un recipiente hermético.

Preparación de la habitación

Coloca una pequeña cantidad de masa (ver receta), arcilla, o plastilina (un volumen equivalente a una naranja pequeña) en cada silla. No indiques a los adolescentes para qué es la masa; simplemente permíteles jugar con ella entre sus dedos durante la reunión. En verdad, la masa es una enseñanza práctica cuyo propósito será descubierto al final del encuentro.

En cada silla debería haber también una **tarjeta de Oración Anónima**, una **tarjeta de Mi Regalo para Dios** (las encontrarás unas páginas más adelante), y un lápiz o lapicera.

Alabanza y adoración
(15 minutos)

Comiencen el encuentro con un tiempo de cantar alabanzas al Señor. Comparte con tus chicos que el foco de este encuentro es Dios el Padre; quién es y cómo es él. Aliéntalos a comenzar a pensar quién es Dios para ellos realmente. Elige una serie de canciones (puedes mezclar algunas nuevas con otras viejas) que describan el carácter de Dios. Busca canciones que hablen, por ejemplo, de Dios como Rey Poderoso, como Maravilloso Soberano, como Santo, y como nuestro Padre.

Llamado a la adoración
(5 minutos)

Inmediatamente después del canto, haz que un adolescente se ponga de pie y lea el Salmo 139:1-3, 13-16. El Salmo describe a Dios como nuestro creador, así como alguien que está profundamente interesado acerca de cada uno de nosotros en un modo personal. Pide al adolescente que ore luego de leer las Escrituras, reconociendo las cualidades de Dios y agradeciéndole por crearnos a cada uno de un modo maravilloso y único.

Encuesta
(5 minutos)

Realiza una breve introducción y muestra a los chicos el video editado (o la grabación en audio) con las respuestas a la pregunta: «¿En qué medida (o cómo) está involucrado Dios en tu vida?»

Una oración anónima
(5-7 minutos)

Di a tus jóvenes que ahora es *su* momento para ser honestos frente a Dios acerca del estado de sus relaciones con él. Pide a los jóvenes que respondan una de las dos, o las dos preguntas que aparecen en la **tarjeta de Oración Anónima**.

Permite a los chicos unos pocos minutos para escribir sus respuestas y entregar sus tarjetas. Luego redistribuye las tarjetas y permite a los jóvenes varios minutos para orar por la persona anónima cuya adoración y/o necesidad es compartida en la tarjeta que cada uno reciba. Tal vez quieras disminuir un poco la iluminación de la habitación y/o disponer que se escuche una canción de alabanza de fondo durante el tiempo de distribución y oración.

Lo que Dios dice al respecto
(15 minutos)

¿Es Dios el Padre *real* para tus jóvenes? ¿Cuáles son sus ideas respecto a él? ¿Es él lo suficientemente relevante en sus vidas como para ocuparse de sus problemas? El breve mensaje que se presenta a continuación está diseñado para animar a tus jóvenes, al introducirlos a dos aspectos del carácter de Dios.

Introducción:

Si verdaderamente comprendiéramos cuán grande es Dios, esto cambiaría el modo en que vivimos y el modo en que nos relacionamos con él, ¿no es cierto? Abre tu mente a Dios esta mañana (o esta *noche*, o esta *tarde*). Extendamos nuestra imaginación y demos una mirada fresca a quién Dios es realmente.

Comparte con tus adolescentes esta visión de Walter A. Henrichsen acerca de nuestros conceptos de Dios, de su libro *El Discípulo se Hace, no Nace* (Editorial Clie, 1976):

Dios. Si tú tienes un Dios grande, tienes problemas pequeños. Si tú tienes un Dios pequeño, tienes problemas grandes. Es tan simple como eso. Cuando tu Dios es grande, entonces cualquier aparente problema se convierte en una oportunidad. Cuando tu Dios es pequeño, entonces cada problema se convierte en un obstáculo.

Cualidad 1: Dios es grande

Una alegoría: El Palacio del Rey

Pide a tus jóvenes que cierren sus ojos y se imaginen dentro de la historia mientras tú se las lees…

El palacio se eleva entre las colinas de bosques como un glaciar en el mar. Es una era antigua y turbulenta de gobernantes y guerreros. Sin embargo, el más temido y venerado de todos es el gran rey. Él ha conquistado continentes, y acaba de regresar de una larga y victoriosa campaña. La ciudad que rodea al palacio muestra la majestuosa imagen del rey en monumentos, estatuas, y grandes construcciones, todos erigidos para su gloria. A la mayoría de las personas ni siquiera se les permite atravesar la gran muralla que rodea los terrenos del rey. Los más privilegiados pueden ingresar al imponente palacio, que se encuentra bien vigilado, pero incluso ellos se estremecen al maravillarse con su majestad y esplendor. Tan solo un pequeño y selecto número de personas se anima a ingresar al atrio real, para estar en compañía del rey, y esto únicamente por invitación. A un visitante sin invitación podría dársele muerte al instante tan solo por entrar a su gloriosa presencia.

La muchedumbre en el pueblo te abre paso a medida que caminas hacia la puerta del palacio. Las personas murmuran cuando tú pasas, preguntándose cómo y por qué eres tú tan privilegiado de entrar a los terrenos del rey. Cuando los guardias armados te ven, ellos se hacen a un lado para permitir tu paso a través de la imponente entrada al palacio mismo. Sirvientes reales se inclinan haciendo reverencias a medida que tú te acercas a la majestuosa sala del trono del monarca. Pero incluso ellos tiemblan de miedo cuando ven que comienzas a acercarte a la puerta, que tomas el picaporte, y que abres la puerta que da al mismísimo aposento del rey. Tú te internas audazmente en la habitación del trono, no con miedo, pero sí con honor y respeto, postrándote reverentemente a los pies del soberano que es todopoderoso rey, que es guerrero conquistador, que es terrible y temible gobernante… y que es *tu padre*.

Tan pronto como hayas terminado de leer la alegoría, ten a dos líderes adultos preparados para leer cada uno de los siguientes pasajes mientras los jóvenes continúan meditando. Los pasajes comunican la gloria, la fuerza, el poder, y la santidad de Dios:

Jeremías 51:15-19

Apocalipsis 4:1-11

Cualidad 2: Dios es personal

Debido a que Dios es tan maravilloso, es más impactante y profundo el saber que nosotros podemos conocerlo en un modo personal. Y lo que es aun más asombroso es que él quiere conocernos a nosotros.

Dios se reveló a sí mismo a lo largo del tiempo:

• Él caminó con Adán en el Jardín del Edén (Génesis 3:8).

• Él le dijo a Moisés su nombre, Yahvé, que quiere decir YO SOY (Éxodo 3:14).

• Él nos tocó en forma directa con Jesús, cuyo nombre Emanuel significa *Dios con nosotros* (Mateo 1:23).

• Él nos creó a su imagen (Génesis 1:27).

• Él quiere que lo conozcamos (Jeremías 9:23-24).

• Él conoce todos los días de nuestras vidas en detalle (Salmo 139:16)

• Él incluso sabe cuántos cabellos hay en nuestra cabeza (Mateo 10:30).

A veces a nosotros nos cuesta relacionarnos con un Dios al cual no podemos ver, oír, ni tocar, pero eso no significa que él no esté ahí para nosotros. No podemos ver el aire, ¿pero quién cuestionaría el poder de un tornado? Yo no puedo ver la electricidad, ¡pero no voy a meter los dedos en un enchufe!

Recuerda que Dios el Padre ha dado el primer paso para conocerte como su hijo, y que él promete que si nos acercamos a él, él se acercará a nosotros (Santiago 4:8). No alcanza con saber acerca de Dios, debemos ir más allá y experimentarlo en forma personal. ¿Cómo llegamos a conocerlo? Hablando con él, leyendo sus palabras para nosotros, pasando tiempo con su pueblo, y haciendo las cosas que él nos dice que hagamos. Entonces no solo conoceremos acerca de él, sino que lo conoceremos a él de un modo íntimo, del modo en que nos conocemos a nosotros mismos, a nuestras familias, o a nuestros amigos más cercanos. Cuanto más conoces a Dios, más te darás cuenta de lo grande que es él. Lo suficientemente grande como para hacerse cargo de tus preocupaciones, de tus preguntas, y de tu futuro.

Dios el Padre está buscando conocerte. ¿Estás tú buscando conocerlo realmente?

Adoración a través de un regalo de obediencia

(5-10 minutos)

Es increíble pensar acerca de un Dios que sea tan poderoso, y sin embargo tan amoroso. Permite a los adolescentes una oportunidad de responder adorando a Dios por lo que él es. Esta adoración se llevará adelante de dos formas:

Adoración a través de la música

Canten dos (o más, según se necesite) coros que traten acerca de la grandeza de Dios. Alienta a los jóvenes a celebrar a su maravilloso Dios y la relación que ellos pueden tener con él.

Adoración a través de un regalo de obediencia

En el Antiguo Testamento, los adoradores traían un sacrificio o regalo de animales, dinero, una posesión costosa, o incienso quemado, en adoración a Dios. Sin embargo, 1 Samuel 15:22 y Romanos 12:1 dicen que Dios desea nuestra obediencia y nuestras vidas santas más que regalos y sacrificios. Durante el tiempo de canto pide a tus chicos que mediten y pregunten a Dios qué clase de regalo de obediencia podrían darle ellos como un acto de adoración. Aquí hay algunas sugerencias:

Perdonar a alguien que te ha herido (Efesios 4:32).

Ser obediente a tus padres en algún área en particular que te resulta difícil (Efesios 6:1-3).

Poner fin a una relación que es sexualmente inmoral (1 Tesalonicenses 4:3)

Comenzar a dar una porción de tus salarios a la obra del Señor (2 Corintios 9:6-7)

Entregar tu boca a Dios (dejar de chismear o murmurar, 2 Corintios 12:20; dejar de maldecir o de decir groserías, Efesios 5:4).

Comenzar a tener diariamente un tiempo de oración (Filipenses 4:6).

Indica a los jóvenes que empleen las **tarjetas de Mi Regalo para Dios** para escribir las cosas que están entregando como «regalos de obediencia». Pídeles que firmen las tarjetas y les pongan la fecha, para ayudar a solidificar sus compromisos.

A medida que los jóvenes terminan de completar sus tarjetas de «regalo» (durante las canciones de adoración), haz que pasen al frente para ir depositándolas en la caja de regalo para Dios que has envuelto elegantemente.

Enseñanza práctica
(2 minutos)

Para cerrar el encuentro, llama la atención de tus adolescentes sobre la masa que la mayoría de ellos seguramente han estado estrujando y moldeando a lo largo de toda la reunión. Comparte con ellos Isaías 64:8, que describe a Dios el Padre como el alfarero y a nosotros como la arcilla. Recuérdales que Dios, ya sea abiertamente o sutilmente, está trabajando constantemente, moldeando nuestras vidas para su gloria. Puede que la arcilla no vea o no comprenda en qué va a convertirse en las manos del alfarero, pero sin embargo se entrega dócilmente. Nosotros necesitamos confiar en Dios, en su amor por nosotros, y entregar continuamente nuestras vidas a él.

Oración Anónima

¿En qué modo ha sido Dios real para ti recientemente?

¿Con qué cosas de tu relación con Dios has estado luchando recientemente?

Oración Anónima

¿En qué modo ha sido Dios real para ti recientemente?

¿Con qué cosas de tu relación con Dios has estado luchando recientemente?

Mi regalo para Dios es...

_____   _____
(firma)   (fecha)

Mi regalo para Dios es...

_____   _____
(firma)   (fecha)

TRAVESÍA DE ORACIÓN

Recorriendo distintas formas de oración

Panorama general

La oración es un poderoso aspecto de una relación con Dios. Imagina el privilegio de hablar con el todopoderoso Dios, quien de hecho nos invita a conversar con él. Sin embargo a muchos jóvenes les resulta complicado el tema de la oración. Algunos no están seguros de qué es exactamente lo que la oración hace. Otros desean orar pero no saben cómo hacerlo realmente. Unos pocos hasta pueden pensar que la oración es una pérdida de tiempo, y se preguntan si Dios verdaderamente escucha, o incluso si le importa.

Este encuentro de adoración bastante poco tradicional llevará a tus chicos a comprender y experimentar la oración en modos nuevos y creativos. Recorriendo algunas de las distintas formas de oración (adoración, confesión, acción de gracias, súplica), esta reunión es casi una «travesía de oración». Y a medida que avanzan, los jóvenes serán desafiados y motivados a adorar a Dios, y a llevar sus vidas de oración a un nuevo nivel.

Elementos

Se incluyen los siguientes elementos para contribuir a dar forma a este encuentro tan único y poco tradicional:
• Un sketch provocador (opcional)
• Opciones de video agudas y con humor, producidas por ustedes mismos (opcional)
• Lectura / historia (opcional)
• Una mirada fresca al Padrenuestro (opcional)
• Utilización de diferentes ubicaciones
• Lo que Dios dice al respecto
• Oración, momento de compartir, y lecturas dirigidas por adolescentes
• Adoración a través del canto
• Música especial / oración de confesión
• Inventario personal, reflexión, y oración meditativa
• Oraciones de petición escritas
• Enseñanza práctica

Listado de materiales

Los materiales pueden variar dependiendo de las opciones que elijan incluir.

☐ Dos copias del libreto para el sketch **Si Dios hablara** (lo encontrarás más adelante). Un micrófono en off puede ser útil.

☐ Para la opción de video tienes distintas posibilidades:

• Entrevistar a varios jóvenes elegidos al azar en plazas o centros comerciales, preguntándoles qué es la oración, y si ellos oran o no.

• Filmar a varios jóvenes diciendo oraciones sin sentido, u oraciones con motivaciones dudosas, como: «Querido Dios, por favor salva el mundo… Bendice a los misioneros… Y si tan solo me ayudas a pasar este examen, te prometo que nunca más haré trampas.» Sé tan creativo como puedas, para lograr que los jóvenes piensen acerca de cómo emplean ellos la oración en sus propias vidas.

Una vez más, estas opciones pueden realizarse en audio, con una grabadora, como alternativa si no cuentan con una cámara de video.

• Producir un video en el cual se dramaticen las distintas visiones equivocadas de Dios que se manifiestan en los modos de orar que tenemos.

☐ Transparencia con el texto del Padrenuestro (opcional)

☐ Música para la adoración grupal:

Busca una serie de canciones que hablen de cuán grande es el Señor, de cuán majestuoso es su nombre, y otras más, que sirvan para adorarlo.

☐ Canción especial para el momento de confesión (puede ser de un CD o cantada en vivo por un solista)

☐ Tarjetas pequeñas (en blanco) y lápices o lapiceras para todos

☐ Juguetes de la guardería infantil de la iglesia (no hay necesidad de retirarlos de allí; ustedes los utilizarán *en* la guardería) (opcional)

Voluntarios que se necesitan

(Dependerá de qué opciones decidan incluir)

• Dos actores para el sketch (opcional)

• Jóvenes o líderes para producir el video (o grabación) (opcional)

• Cantante solista para la música especial (opcional)

• Si tienes un grupo grande, tal vez desees asignar un líder adulto para cada «ubicación» en que se llevará a cabo la reunión

Preparación de la habitación

Idealmente, cada sección de este encuentro de adoración se llevará a cabo en una ubicación diferente, dentro y alrededor del edificio de la iglesia. Pensando en la logística, tal vez sea mejor realizar este encuentro durante la semana y no en un domingo, ya que probablemente habrá más habitaciones disponibles en la iglesia. Sin embargo, si las posibles ubicaciones son limitadas, la reunión puede también ser adaptada para realizarse en una única habitación.

Si tu grupo es demasiado grande o las habitaciones son demasiado pequeñas como para que todos puedan entrar al mismo tiempo, divide a tus chicos en cuatro grupos distintos. Haz que cada grupo comience en una de las cuatro ubicaciones listadas más abajo, y que luego vayan rotando a las próximas ubicaciones, en intervalos de 20 minutos para cada lugar. Deberías tener un líder adulto en cada una de las ubicaciones, liderando a los jóvenes a través de los elementos de adoración particulares que correspondan a ese lugar.

• *Adoración:* Enfatiza la grandeza de Dios como Creador y Señor buscando una ubicación al aire libre. Un área con hierba o césped, o algún lugar descubierto desde el cual se pueda ver el cielo, pueden funcionar bien. Para sentarse: cualquier modo que resulte apropiado (sentados sobre la hierba, en bancos, etc.)

• *Confesión:* Lleva a tus jóvenes al lugar de adoración de la iglesia, al santuario o capilla, para enfatizar la seriedad de la naturaleza del pecado y la importancia de tener las cuentas claras con Dios. Para sentarse: bancos, reclinatorios, o sillas. Iluminación suave.

• *Acción de gracias:* Vayan al salón de compañerismo, al lugar donde se comparten las comidas y celebraciones en la iglesia. Para sentarse: un círculo de sillas.

• *Súplica:* Enfatiza la fe como la de un niño que debería acompañar nuestras peticiones delante de Dios, llevando a tus jóvenes a la guardería infantil de la iglesia. Para sentarse: el suelo.

El encuentro comienza con todos los adolescentes juntos en la habitación que suelen utilizar para sus reuniones, para la apertura y la explicación de la reunión.

Apertura
(5 minutos)

Utiliza una o más de las siguientes opciones para comenzar el encuentro.

Opción de sketch

Si Dios hablara

Este sketch con humor, pero sin embargo agudo (lo encontrarás unas páginas más adelante), alienta a los jóvenes a tomar sus oraciones con más seriedad. Puedes optar por introducir el sketch recordando a los adolescentes la importancia de la oración sincera y específica… y cómo sus vidas pueden cambiar cuando ellos aprenden cómo orar.

Opción de historia

Tal vez mañana

Emplea esta historia para motivar a tus jóvenes a pensar en sus vidas de oración (la encontrarás unas páginas más adelante).

Opción de video

Tienes distintas alternativas:

1) Entrevistar a varios jóvenes elegidos al azar en plazas o centros comerciales, preguntándoles qué es la oración, y si ellos oran o no.

2) Filmar a varios jóvenes diciendo oraciones sin sentido, u oraciones con motivaciones dudosas, como: «Querido Dios, por favor salva el mundo… Bendice a los misioneros… Y si tan solo me ayudas a pasar este examen, te prometo que nunca más haré trampas.» Sé tan creativo como puedas, para lograr que los jóvenes piensen acerca de cómo emplean ellos la oración en sus propias vidas.

3) Producir con la ayuda de otros adultos un video en el cual se dramaticen las distintas visiones equivocadas de Dios que se manifiestan en los modos de orar que tenemos. Por ejemplo, a veces vemos a Dios como si fuera un Santa Claus que debe cumplirnos todos los deseos y caprichos, o como si fuera un policía cósmico que solo quiere acusarnos y prohibirnos cosas. Puedes buscar otras ideas en el libro de Josh McDowell «No dejes tu cerebro en la puerta», o pensarlas tú mismo. Este video servirá para llevar a tus jóvenes a pensar acerca de sus propias oraciones y visiones equivocadas de Dios.

El Padrenuestro
(2 minutos)

Jesús enseñó a sus discípulos cómo orar a través de lo que es comúnmente conocido como «El Padrenuestro» (Mateo 6:9-13)

Realiza la transición a esta sección desde la introducción diciendo algo como esto:

Probablemente todos nosotros hemos luchado en algún momento u otro con nuestras vidas de oración. Así que vamos a emplear el tiempo que resta hoy para aprender qué es la oración y cómo hacerla real en nuestras vidas. Jesús enseñó a sus discípulos cómo orar empleando lo que usualmente conocemos como «El Padrenuestro». ¿Por qué no oramos esa oración ahora mismo, para comenzar nuestro tiempo juntos?

Pide a tus adolescentes que se pongan de pie. Recuérdales que tomen en consideración cada palabra de esta oración, en lugar de repetirla sin prestar atención.

Si tus jóvenes no están familiarizados con el Padrenuestro, proporciónales la posibilidad de leerlo de una transparencia, prepara copias en papel para cada uno o usa una presentación de powerpoint.

Oración

Una mirada fresca al Padrenuestro

Para ofrecer a tus jóvenes una mirada nueva al Padrenuestro tal y como aparece en Mateo 6:9-13, puedes «traducirlo» a un lenguaje más actual, por ejemplo:

Padre nuestro que habitas los cielos,
Revélanos quién eres.
Pon en orden el mundo;
Haz lo que tú sabes que es mejor…
tanto allí arriba como aquí debajo.
Mantennos vivos con al menos dos comidas decentes al día.
Mantennos perdonados por ti, y perdonando a otros.
Mantennos a salvo de nosotros mismos y del Diablo.
¡Tú estás a cargo!
¡Tú puedes hacer cualquier cosa que quieras!
¡Tú belleza resplandece!
Sí. Sí. Sí.

Transición
(5 minutos)

Explica a tus adolescentes que ellos estarán experimentando cuatro clases diferentes de oración a medida que adoran a Dios durante este encuentro. No entres en muchos detalles ni explicaciones en este momento; simplemente dirige al grupo hasta la próxima ubicación de este encuentro de adoración.

Adoración
(20 minutos; en lo posible, realicen esta parte al aire libre)

1. Enseñanza

Comparte con los jóvenes el hecho de que la *adoración* es un aspecto de la oración comúnmente hallado en la Biblia. ¿Pero qué es exactamente la adoración, después de todo? Permite a los chicos algunos minutos para reunirse en parejas o en pequeños grupos y discutir acerca de lo que piensan que es la adoración. Sugiéreles que intenten pensar en alguna persona, algún lugar, alguna canción, etc., que sería un ejemplo de algo digno de adoración (un lugar hermoso, una celebridad, un atleta, una novia,…)

Luego pide a los jóvenes que compartan brevemente sus definiciones y ejemplos de adoración con el grupo. Puedes preguntar si alguien pensó en un lugar muy hermoso, y pídele a esa persona que comparta con el resto qué palabras emplearía para describir ese lugar.

Pide a varios adolescentes que lean ejemplos de adoración de David (Salmo 100) y Pablo (1 Timoteo 1:17). Permite a los chicos un minuto de silencio para pensar en quién es Dios realmente. Anímalos a pensar en tantos adjetivos como puedan para describirlo.

2. Adoración

Pasen del silencio a la música. Dirige a los jóvenes en un tiempo de adoración, cantando alabanzas a Dios. Luego de varias canciones, pide a los jóvenes que compartan oraciones espontáneas de adoración a Dios. Por ejemplo: «Señor, tú eres mi Creador y yo alabo tu nombre…», «Señor, tú eres fiel y yo te agradezco porque puedo poner toda mi confianza en ti…»

Canciones sugeridas: una serie de canciones que hablen acerca de la grandeza de Dios, de su majestad, de dar gloria a su nombre, y otras por el estilo.

3. Aplicación

Di a los jóvenes que recuerden que la A es la letra con la que comienza el abecedario, y que así también nosotros deberíamos comenzar nuestro tiempo diario de oración *adorando y alabando* a Dios por quién es él.

Confesión

(20 minutos; en lo posible, realicen esta parte en el lugar de adoración de la iglesia, en el santuario o capilla)

1. Enseñanza

A pesar de que los jóvenes probablemente susurren a menudo «Dios, perdona mis pecados…», muy pocos comprenden qué es la confesión o cuál es su importancia para un creyente. Pide a los jóvenes que piensen sus propias definiciones de confesión. Luego inicia la discusión con las siguientes preguntas:

¿Es confesión decir a Dios «Lo siento»?

¿Es confesión el confesar a Dios un pecado que sabes que cometerás nuevamente?

¿Te considera Dios aún responsable por los pecados que te olvidas de confesar?

Luego de permitir a los jóvenes que debatan por un par de minutos, recuérdales que una comprensión bíblica de la confesión incluye…

• Un espíritu de humildad

• Admitir delante de Dios actos de desobediencia (cosas que hemos hecho, o incluso cosas que *no hemos* hecho pero que deberíamos haber hecho) que no son agradables a él.

• Arrepentimiento: cambiar nuestras mentes en lo que respecta a los actos desobedientes, intentando con todas nuestras fuerzas no repetirlos.

Relato bíblico

La relación de David con Dios, restaurada a través de la confesión (Salmo 32:3-5)

Relata brevemente la historia del adulterio de David con Betsabé, y el consiguiente asesinato encubierto de su esposo Urías (2 Samuel 11). Explica que David ocultó su pecado de adulterio y asesinato a Dios y al resto de las personas durante casi nueve meses. El Salmo 32:3-4 revela el dolor y la angustia que David sentía mientras se aferraba al secreto de sus terribles actos. Sin embargo, él finalmente se confesó delante de Dios, y recibió perdón.

Pregunta a tus jóvenes si ellos han intentado o están actualmente intentando ocultar sus errores y pecados de Dios. Ayúdalos a reflexionar acerca de cómo esto ha afectado su relación con Dios. Recuérdales a los jóvenes que cuando nosotros confesamos nuestros errores y actos de desobediencia a Dios (y la confesión no es para debiluchos… requiere coraje), la Biblia nos promete que Dios perdonará nuestros pecados y los olvidará, como si nunca hubieran ocurrido (1 Juan 1:9).

2. Música especial / oración de confesión

Elige una canción especial para este momento, con una música y una letra adecuadas. Puede ser de un CD, o cantada en vivo por un solista. Durante la canción, pide a los adolescentes que busquen dentro de sus corazones si hay pecados sin confesar en sus vidas. A medida que avanza la canción, aliéntalos a confesar sus pecados frente a Dios y a poner en orden sus cuentas con él. Si así lo desean, pueden apartarse momentáneamente del grupo para sentirse más a solas con Dios. Indícales que pueden arrodillarse mientras buscan a Dios y oran. Recuérdales los beneficios de la confesión (perdón, alivio del peso de las cargas, sanidad emocional y espiritual, posibilidad de seguir adelante y crecer, etc.). Aliéntalos a ser honestos con Dios, olvidando por un momento al resto del grupo y todo lo que hay alrededor.

3. Aplicación

Antes de pasar a la siguiente ubicación, di a los jóvenes que la palabra confesión comienza con la letra C, y que esto puede servir para recordarles que este es un aspecto *crucial* de la oración porque nos hace justos a los ojos de Dios, y evita que el resto de nuestras oraciones sean obstruidas por el pecado.

Acción de Gracias

(20 minutos; realicen esta parte en el salón de la iglesia que se utilice para las reuniones o eventos de camaradería)

1. Enseñanza

Enseña a los adolescentes que *acción de gracias* es mostrar gratitud o aprecio a Dios por las muchas cosas que él hace por nosotros y por cómo él obra en nuestras vidas.

Tal como los diez leprosos (Lucas 17:11-19), a menudo nosotros nos enfocamos más en el regalo que en quién nos *dio* el regalo, y olvidamos tener una «actitud de gratitud». Por ejemplo, ¿cuándo fue la última vez que agradeciste a tus padres por todo lo que hacen por ti? ¿Y que hay de un maestro o un entrenador que pasó tiempo extra contigo para ayudarte? ¿O de algún líder que fue más allá de sus obligaciones para mostrarte cariño o para ayudarte en algún modo?

Entrega a cada joven una tarjeta en blanco y pídeles que escriban los nombres de aquellas personas en sus vidas a quienes les ha faltado agradecerles por algo. Luego de que hayan terminado, pídeles que compartan con el grupo por qué creen que el dar gracias a otros a menudo se olvida o resulta incluso difícil.

Comparte con tus chicos que dar gracias a Dios debería ser una parte de sus vidas de oración porque Dios se merece no solo nuestra adoración, sino nuestro agradecimiento también. En Filipenses 4:6 el apóstol Pablo alienta a los cristianos a entregar sus cargas y preocupaciones a Dios en una actitud de gratitud (acción de gracias). 1 Tesalonicenses 5:18 alienta a los cristianos: «den gracias a Dios en toda situación, porque esta es su voluntad para ustedes en Cristo Jesús.» Pide a los jóvenes que consideren cuánto de su tiempo promedio de oración está dedicado a dar gracias a Dios.

2. Oración de acción de gracias

Lidera a tus chicos a través de un breve tiempo de oración dirigida. Pasen un minuto o dos en cada una de las siguientes áreas, para ayudar a los jóvenes a concentrarse en dar gracias a Dios por cuestiones específicas:

• Da gracias a Dios por tus padres.

• Piensa en una cosa que te esté preocupando, y entrégasela a Dios con una actitud de agradecimiento.

• Da gracias a Dios por alguna cosa que posees.

• Da gracias a Dios por un amigo.

• Da gracias a Dios por alguna maestra o maestro que haya tenido un impacto en tu vida.

• Da gracias a Dios por alguno de tus líderes juveniles que ha estado allí para ti.

• Da gracias a Dios por tus dones y talentos.

• Da gracias a Dios por algo que él haya hecho por ti en esta semana.

3. Aplicación

Alienta a los jóvenes a que recuerden que cada día tenemos de seguro alguna cosa por la cual podemos estar agradecidos. Anímalos a no dar por sentados los regalos de Dios, y a tomarse un tiempo cada día para darle gracias por todo lo que él ha hecho.

Súplica

(20 minutos; realicen esta parte en la guardería infantil de la iglesia)

1. Enseñanza

Explica a los jóvenes que la *súplica* es simplemente *pedir* a Dios. Es acercarse a Dios en oración para pedirle por algo, ya sea para nosotros mismos o para alguien más.

Dios quiere que nosotros oremos por otras personas (oración intercesora). Pablo oró por su amigo Timoteo en forma regular (2 Timoteo 1:3), y las iglesias en las que Pablo ministró oraban por él (1 Tesalonicenses 5:25). Pregunta a tus adolescentes por qué cosas oran ellos cuando oran por otras personas (salud, trabajo, que les vaya bien en los estudios, que ganen una competencia deportiva, que lleguen a conocer a Dios, etc.). Pregunta a tus chicos qué porcentaje de su tiempo de oración está dedicado a orar por otros. ¿Es suficiente? Muchos chicos incluso tal vez no oren nunca por otros.

Dios quiere que nosotros oremos por nosotros mismos, también. Jesús nos alienta a acercarnos a Dios con nuestras necesidades y preocupaciones, y nos asegura que Dios sabe lo que necesitamos y oye nuestras oraciones (Mateo 7:7-12). Pide a tus chicos que respondan las siguientes preguntas:

¿Solo porque le pedimos algo a Dios, significa esto que automáticamente lo recibiremos? ¿Por qué sí, o por qué no? ¿Y qué si lo que pedimos no es para nada egoísta, como orar para que nos vaya mejor en el colegio, o para tener más paciencia con nuestro hermano menor?

2. Oración de súplica

Anima a los jóvenes a acercarse a Dios en una actitud de dependencia y fe, mientras le piden por motivos diversos. Tal vez desees entregar previamente a cada joven una hoja de papel y un lápiz para que escriba sus oraciones y liste sus peticiones. Luego baja un poco la intensidad de las luces, y permíteles al menos cinco minutos para orar.

Opción

Indica a cada joven que sostenga en sus manos un juguete de la guardería mientras oran, como un recordatorio personal de que deben acercarse a Dios el Padre con la fe y la dependencia de un niño pequeño.

Cierre del encuentro

Tal vez desees reunir a todos para cerrar el encuentro con una o dos canciones, o simplemente despedir al grupo luego de finalizadas todas las secciones de la reunión.

SI DIOS HABLARA

Por Clyde Lee Herring

Persona que ora:
Padre nuestro que estás en el cie...

Dios:
¿Si?

No me interrumpas. Estoy orando.

Pero me llamabas a mí...

¿Llamarte a ti? Yo no te llamé a ti. ¡Estoy orando! Padre nuestro que estás en el cielo, santi...

Ahí lo hiciste de nuevo.

¿Hice qué?

Me llamaste. Dijiste: «Padre nuestro que estás en el cielo.» Bueno, aquí me tienes. ¿Qué te anda ocurriendo?

Pero yo no quise decir eso. Yo estaba, ya sabes, simplemente diciendo mi oración diaria. Siempre recito el Padrenuestro. Me hace sentir bien, ya sabes... como que estoy cumpliendo mis obligaciones.

Está bien, entonces. Continúa con tus obligaciones.

Santificado sea tu nombre, ven...

¡Aguarda un momento! ¿Qué quieres decir con eso?

¿Con qué?

Con «Santificado sea tu nombre».

Pues quiere decir... quiere decir que... ¡santo cielo, no tengo idea de lo que quiere decir! ¿Cómo voy a saberlo? Es simplemente parte de la oración. A propósito, ¿qué significa?

Significa <u>digno de honra</u>, <u>santo</u>, <u>maravilloso</u>.

¡Oye, eso tiene sentido! Nunca me había puesto a pensar qué significaba <u>santificado</u> antes. Así que, bueno… gracias. En fin… Venga tu reino, hágase tu voluntad en la tierra como en el cielo. Danos…

¿Lo dices en serio?

Seguro. ¿Por qué no iba a hacerlo?

¿Y qué estás haciendo al respecto?

¿Haciendo? Bueno… nada, creo. Es solo que pienso que estaría bueno si tú tomaras control de todo aquí debajo, tal como tienes el control allí arriba.

¿Tengo yo control sobre ti?

Bueno… yo voy a la iglesia…

Eso no es lo que te pregunté. ¿Qué hay de ese hábito tuyo de decir tan solo la mitad de la verdad?... Eso es lo mismo que mentir, ¿sabes? Además está el tema de tu temperamento. Se está convirtiendo en un verdadero problema. Y también está el modo en que gastas tu dinero… todo en ti mismo. Y hasta <u>tú mismo</u> sospechas que has estado alimentando tu imaginación de un modo inapropiado… ya sabes, con esos videos que has estado viendo en los que…

¡Basta ya! ¡No te la agarres conmigo! Yo soy tan bueno como el resto de esas personas, de esos <u>farsantes</u> de la iglesia.

¡Pues discuuuuuulpame! Yo pensé que estabas orando para que se hiciera mi voluntad. Si tú quieres mi voluntad, esta comienza con mi voluntad para la persona que está orando por ella. En este caso, <u>tú</u>.

Bueno… Supongo que sí <u>tengo</u> algunos problemas. A decir verdad, probablemente yo podría nombrar algunos más de los que tú nombraste..

Y yo también.

No lo había pensado mucho hasta este momento, pero realmente me gustaría dejar algunas de esas cosas. Quisiera ser… bueno, ya sabes… libre.

Bien. Ahora sí estamos avanzando. Trabajaremos juntos, tú y yo. Verdaderamente podemos alcanzar algunas victorias. ¡Estoy orgulloso de ti!

Señor, mira, realmente necesito terminar aquí. Esto está tomando mucho más tiempo del que usualmente lleva. Veamos, ¿dónde estaba yo?... Danos hoy nuestro pan cotidiano...

Sería mejor que tomes un poco menos de ese pan. Estás un poco pasadito de peso.

Un momento. ¡¿Qué acaso hoy es el «Día Nacional de Critíquenme a Mí»?! Aquí estaba yo, cumpliendo con mis obligaciones espirituales, y de repente <u>tú</u> te metes y comienzas a recordarme todos mis problemas y faltas.

El orar es una cosa peligrosa. Podrías terminar cambiado, ¿sabes? Eso es lo que estoy tratando de decirte. Tú me llamaste, y aquí estoy. Es demasiado tarde para frenarlo ahora. Continúa orando. Estoy interesado en la próxima parte de tu oración. (pausa) Bueno... ¿qué acaso no vas a terminar?

Tengo miedo de hacerlo.

¿Miedo? ¿Miedo de qué?

Ya sé qué es lo próximo que vas a decir.

Pruébame y verás.

(Pausa) Perdónanos nuestras deudas, como también nosotros hemos perdonado a nuestros deudores.

¿Qué hay de Carlos?

¡Lo sabía!... ¿Lo ves? ¡Simplemente sabía que lo ibas a mencionar a él! Bueno, él ha mentido acerca de mí, me ha engañado para quedarse con un dinero que era mío, y es el más grande hipócrita de todos los alrededores. No quiero tener nada más que ver con él, nunca.

¿Y qué hay de tu oración?

Lo dije pero no lo pienso.

Al menos eres honesto. Pero no es lindo andar cargando con toda esa amargura dentro tuyo, ¿no?

No, pero me sentiré mejor cuando me ponga a mano con él.

No, no te sentirás mejor. Lo único que lograrás será sentirte peor. La venganza no es dulce. Piensa cuán desdichado te sientes con las cosas tal y como están ahora. Pero yo puedo cambiar todo eso.

¿Cómo?

Primero, perdona a Carlos. Luego el odio y el pecado serán su problema, no el tuyo. Puede que pierdas tu dinero, pero habrás puesto en paz tu corazón.

Pero no puedo perdonar a Carlos.

¿Entonces cómo esperas que yo te perdone a ti?

Siempre tienes razón, ¿no es así? Bueno, más de lo que quiero devolverle a Carlos lo que me hizo, quiero estar bien contigo. *(Pausa)* Está bien, lo perdono. Dejaré en tus manos la cuestión de volverlo al camino correcto. Ahora que lo pienso, él está destinado a ser desdichado, si continúa haciendo las cosas que hace. De algún modo, muéstrale el camino correcto. Aun si quieres usarme a mí para eso, hazlo.

¡Bien dicho! ¡Maravilloso! ¿Cómo te sientes?

Bueno, no tan mal como pensaba.

No has terminado con tu oración, ¿sabes?

Ah, sí, cierto… Y no nos dejes caer en tentación, sino líbranos del maligno.

¡Sí, sí, yo haré eso! Tú simplemente esfuérzate por evitar situaciones en las que sabes que serás tentado.

¿Qué quieres decir?

Echa una mirada a tus amistades. Algunos de tus supuestos amigos están comenzando a influenciarte. No te dejes engañar: ellos aparentan estar divirtiéndose, pero para ti podría ser la ruina. O vas a tener que dejar de reunirte con ellos, o vas a tener que comenzar a ser una influencia positiva entre ellos. No me utilices como una escotilla de escape.

¿Escotilla de escape?

Tú sabes lo que quiero decir. Lo has hecho muchas veces. Te encuentras atrapado en una mala situación. Te metes en problemas por no escucharme, y luego, una vez que estás allí, vienes corriendo a mí diciendo: «Señor, ayúdame a salir de este lío, y te prometo que no voy a hacerlo nunca más.» Ah, puedo darme cuenta de que estás recordando algo ahora mismo…

Sí… y estoy avergonzado.

¿Cuál… ehm… situación estás recordando?

Cuando la Sra. Fernandez (ya sabes, la mujer que vive a dos casas de la mía) pasó con su automóvil por el mercado justo cuando unos amigos y yo estábamos fumando. Yo estaba seguro de que ella me había reconocido. Te dije: «Oh, Dios, por favor no permitas que ella le cuente a mi madre lo que vio.» Y yo prometí dejar de juntarme con esos amigos.

La Sra. Fernandez no se lo dijo a tu madre… Pero tú no cumpliste tu promesa, ¿verdad?

Lo siento, Señor. Realmente. Hasta hoy, yo pensaba que tan solo con orar el Padrenuestro cada día, luego podía hacer lo que quisiera. No esperaba que me sucediera algo como esto.

Adelante, termina.

Porque tuyo es el reino, tuyo es el poder, y tuya es la gloria, ahora y por siempre. Amén.

¿Sabes qué cosa me daría gloria? ¿Qué cosa me haría realmente feliz?

No, pero ponme a prueba. Realmente quiero saberlo. Más que eso… realmente quiero <u>hacer</u> lo que sea que te agrade a ti.

Acabas de responder mi pregunta.

¿Qué?

Lo que me hace feliz es personas como tú, que me amen lo suficiente como para querer hacer mis obras. Y yo puedo darme cuenta de que eso está ocurriendo en este momento. Así que ahora que los viejos pecados han sido puestos a la luz y están fuera del camino, no hay <u>límite</u> para lo que podemos hacer juntos.

Señor, veamos lo que podemos hacer de mí, ¿si?

¡Síiiii… veamos…!

TAL VEZ MAÑANA

Por S. Rickly Christian

Todo el tiempo me digo a mí mismo que necesito orar más. Pero siempre aparece algo. Supongo que han pasado semanas desde la última vez que hablé con Dios. Tal vez meses, es difícil saberlo.

Anoche, yo tenía planeado subir a mi habitación luego de cenar, desenterrar la Biblia del fondo de mi armario, y leer un capítulo o dos. Y más tarde, pasar un tiempo en oración. Pero la Biblia estaba bajo una pila de revistas que me parecieron más interesantes. Ya sabes cómo es a veces. Luego sonó el teléfono. Era tan solo un amigo del trabajo que quería cambiar unas horas conmigo. Pero nos pusimos a hablar acerca de esa chica nueva en el trabajo… la que tiene el bronceado perfecto y la sonrisa de tapa de revista. Cuando colgué el teléfono y miré el reloj, no podía creer que ya era la hora de mi programa favorito en televisión, un especial de dos horas.

Antes de que pudiera darme cuenta, la noche se había terminado. Tuve que darme una ducha rápida y preparar el almuerzo para llevar a la escuela al día siguiente.

Fue difícil leer mi Biblia y orar comenzando a las 11:30, y luego de todo eso. No tenía energía. Lo intenté, pero mis pensamientos volaban hacia la chica nueva en el trabajo y un centenar de otras cosas. Así que acabé mascullando unos pocos «bendícelos…» antes de desmayarme sobre las sábanas.

Yo sé que necesito orar más. Me refiero a *realmente* orar. Otros cristianos que conozco dicen que la oración cambia las cosas. Así que debe ser importante. Pero el tiempo se escapa tan fácilmente…

Tal vez las cosas sean diferentes mañana. Sí, tal vez…

UNA PAZ INCREÍBLE

Gratitud a Dios por su paz

Panorama general

En nuestro mundo tan lleno de tragedias y conflictos, la paz a menudo parece una cosa imposible de conocer. Y sin embargo, Dios puede conceder paz a pesar de las circunstancias difíciles de nuestras vidas. En este encuentro los jóvenes explorarán la paz de Dios, lograrán una comprensión más profunda de cómo tener la paz de Dios en sus vidas, y luego tendrán la oportunidad de dar una respuesta de adoración a Dios por su paz.

Elementos

- Testimonio personal de una adolescente
- Meditación: «Lectio Divina»
- Lo que Dios dice al respecto
- Oración dirigida
- Adoración a través de la música / Lectura de las Escrituras
- Música especial
- Ejemplo práctico

Voluntarios que se necesitan

- Adolescente para dar un testimonio acerca del estrés
- Varios chicos para leer pasajes de las Escrituras durante la alabanza grupal
- Solista o conjunto para la música especial

Listado de materiales

☐ Tarjetas en blanco, suficientes para todos

☐ Lápices o lapiceras para todos

☐ Música para la adoración grupal:

Busca una serie de canciones que hablen acerca de la paz de Dios, de cómo podemos confiar en él, de cómo él es nuestra esperanza, y de cómo el confiar en él nos da tranquilidad.

☐ Canción especial que hable de la paz de Dios (para solista o grupo de músicos). Opcionalmente puede ser una grabación en CD.

☐ Recipiente de metal apropiado para encender una pequeña fogata, a ser empleado al final de la reunión

Introducción
(10 minutos)

No hay forma de negar que los jóvenes de hoy están muy ocupados y estresados. Sus agendas están repletas de compromisos, horarios de trabajo, ensayos, tareas del colegio, y exigencias de los padres. Siendo sus vidas tan caóticas, puede que ellos no se den cuenta de que Dios puede proporcionar alivio para el alboroto interior que sufren.

Aunque es cierto que el ruido de nuestro mundo moderno es una causa de estrés, también podemos ser víctimas del estrés aun sentados en un lugar apacible y sin nadie alrededor. Después de todo, la falta de paz tiene mucho más que ver con el alboroto interior que con el alboroto exterior.

Anima a tus chicos a pensar en las cosas que les producen estrés. Puedes preparar una lista de posibles causas de estrés, e ir leyéndola en voz alta para que cada uno pueda reconocer las cosas que le afectan personalmente. O puedes pedirles que cada uno piense en las cosas que le producen estrés, y que las anote en un papel para luego compartirlo con la persona que tiene a su lado, o con el grupo.

Posibles causas de estrés (algunas tal vez sean más obvias que otras) son: muerte o enfermedad de algún ser querido, divorcio o separación de los padres, abuso sexual, embarazo fuera del matrimonio, fin de una relación de noviazgo, cuestiones relacionadas con el empleo, un disgusto o decepción grande, discusiones con los padres, demasiadas responsabilidades extracurriculares (deportes, clases de música, trabajo en la iglesia, en casa, etc.), un logro muy importante, notas bajas en los estudios, presión de los amigos para hacer cosas que no se desea, presión de un novio o novia para avanzar sexualmente, mudanza, problemas con un profesor o entrenador, etc. Es importante destacar que aun las cosas que son intrínsecamente «buenas» (como un nacimiento, un casamiento, recibir un premio, etc.) pueden también provocar estrés.

Escrituras / testimonio
(5 minutos)

En este momento, una de las jóvenes (con quien has preparado previamente esta parte) da un breve testimonio de un episodio en su vida en el cual ella realmente se sintió estresada por alguna cuestión… y en el cual ella mantuvo las cosas en sus propias manos en lugar de entregarle el estrés a Dios. Cuando ella finalice de relatar su experiencia, leerá Filipenses 4:6-7 al grupo. Luego cerrará, pensando en voz alta lo que ella desearía haber hecho en lugar de lo que hizo.

Meditación: «Lectio Divina»
(10 minutos)

«Lectio Divina» es un método tradicional de meditación en grupos pequeños durante el cual los participantes se esfuerzan por escuchar la voz de Dios a través de las escrituras. Lee Mateo 8:24-27 (Jesús calma la tormenta) tres veces a tus jóvenes. No te molestes en introducir o explicar el pasaje; permite que hable por sí mismo. Pide a tus chicos que cierren los ojos y mediten en el pasaje. Diles que vean, oigan, sientan, gusten, y huelan los versículos. Pídeles que se imaginen a sí mismos en el pasaje… ¿Quiénes son, o dónde están ellos? Haz una pausa entre lectura y lectura, y, para la tercera vez, el objetivo es que los jóvenes realmente oigan a Dios hablándoles a través del pasaje.

Luego de la meditación, realiza una serie de preguntas para ayudar a los jóvenes a evaluar su experiencia:

¿Quién eras tú en el pasaje?
¿Cuál es tu tormenta?
¿Te diste cuenta de que Jesús estaba en el bote?
¿Te está costando confiar en Jesús para que calme tu tormenta?

Lo que Dios dice al respecto
(10-15 minutos)

Esta sección alienta a tus adolescentes a entregar sus preocupaciones, ansiedades, y dificultades a Dios para que ellos puedan recibir y experimentar su paz en sus vidas. También inspira a los jóvenes a adorar a Dios por su fidelidad, a medida que se dan cuenta de que él se preocupa por ellos en sus tiempos de estrés.

Relee Filipenses 4:6-7. Comparte con tus chicos el hecho de que este pasaje contiene dos importantes principios que debemos recordar para experimentar la paz de Dios.

No estés ansioso.

Primero que nada, se nos indica no estar ansiosos, ni demasiado estresados, por ningún motivo. Esto no significa que no debería importarnos nada de las circunstancias, relaciones, y situaciones que afectan nuestras vidas, sino que deberíamos ser conscientes de las consecuencias que podríamos sufrir cuando intentamos manejarlas sin la ayuda de Dios. Recuerda, podemos confiar en Dios. Él es siempre fiel a sus promesas de proveer para nosotros, de fortalecernos, de levantarnos, y de querer lo mejor para nosotros.

Exploren la siguiente máxima: «La confianza fortalece, la preocupación debilita.»

Identificar: Pide a tus jóvenes que escriban en una tarjeta un problema, situación o preocupación que estén enfrentando en este momento. Luego de que lo hayan escrito, pídeles que cierren sus ojos y que se pregunten a sí mismos en qué modo han estado enfrentándolo (ansiedad, acudiendo a amigos, ignorando el problema, etc.) Diles que tengan las tarjetas por unos minutos más.

Habla con Dios acerca de tus problemas.

Segundo, Dios nos invita a acudir a él en oración, en una actitud de agradecimiento, con nuestras peticiones y preocupaciones. ¿Por qué estamos agradecidos? Tanto por su ayuda en el pasado como por las nuevas oportunidades para crecer, sabiendo que las adversidades fortalecerán nuestra fe y nuestro carácter (Santiago 1:2-3).

Compartan y comenten la siguiente declaración: «La oración hace aumentar la fe, y la fe hace aumentar la oración.»

Orar: Lidera a los jóvenes en un tiempo de oración dirigida, relacionada con las cuestiones que escribieron en sus tarjetas.

Agradece a Dios por quién es él. Reconoce sus cualidades de carácter y el hecho de que él está ahí para ayudarte.

Agradece a Dios por su fidelidad en el pasado. Sé específico.

Entrega tu situación a Dios. No le digas a Dios lo que deseas que él haga. Simplemente entrégale la situación y pide que su voluntad sea hecha. Pide a Dios que te ayude a dejar la situación en sus manos.

3) Resultado: ¡Paz!

Por supuesto, es simplista decir que el seguir estos pasos conducirá mágicamente a tus jóvenes, en forma inmediata, lejos de sus problemas y a una paz absoluta. Sin embargo, a medida que los chicos comienzan a obedecer lo que Dios dice en Filipenses 4, su paz puede venir y *vendrá*.

Adoración
(10-15 minutos)

Intercala lecturas seleccionadas de las Escrituras a lo largo del tiempo de adoración. Estos pasajes, leídos por distintos jóvenes, están destinados a proporcionar aliento y esperanza.

- Jeremías 29:11
- 1 Pedro 5:6-7
- Mateo 11:28-30
- Romanos 8:28, 37-39
- Salmo 37:3-6
- Salmo 71:5
- Salmo 23
- Colosenses 3:15

Escoge para este tiempo una serie de canciones que hablen acerca de la paz de Dios, de que podemos confiar en él en todo tiempo, de que él nos da su paz en la tormenta, de que él es nuestra esperanza, etc.

Opción de música especial

(5 minutos)

Busca una canción especial que hable acerca de la paz de Dios, y pide a un solista o grupo de músicos que la interpreten en este momento. Opcionalmente puedes tener una canción especial en CD, y pedir a tus jóvenes que escuchen atentamente la letra.

Recibiendo la paz de Dios
(5-10 minutos)

Pide a los jóvenes que oren una última vez con sus tarjetas de «preocupaciones» y que, por fe, reciban la paz de Dios. Agradézcanle anticipadamente por su fidelidad y provisión. Permíteles un tiempo de silencio durante el cual puedan orar y recibir la paz de Dios. Diles que cuando se sientan preparados, pueden ir poniéndose de pie y saliendo de la habitación individualmente. Fuera de la puerta, ten una pequeña fogata encendida. Indica a los jóvenes que arrojen sus tarjetas al fuego, entregando simbólicamente ese problema a Dios. Así como resulta imposible recuperar una tarjeta quemada del fuego, recuérdales que ellos deben entregar en forma genuina y continua sus problemas a Dios, y nunca más tomarlos de nuevo para preocuparse por ellos.

¿QUÉ PUEDO DARLE YO?

Ofreciendo nuestros dones a Dios

Panorama general

Puede que a veces los jóvenes vean la adoración como algo aburrido e irrelevante para sus vidas. Tal vez esto se deba a que muy pocas veces se los invita a participar en modos que sean significativos para ellos. Dios ha dado a tus chicos muchos dones únicos y maravillosos con los cuales darle gloria. ¿Cuándo fue la última vez que ofreciste a tu grupo una oportunidad para utilizar sus talentos individuales como una expresión de adoración?

La adoración es más que cantar canciones de alabanza y orar. Es dinámica, y puede incluir todas las experiencias de la vida (Colosenses 3:23-24). La adoración *puede* ser una expresión de quién somos en Cristo, cuando respondemos ofreciendo nuestros dones a Dios como una ofrenda. El propósito de este encuentro es ampliar la comprensión que tus jóvenes tienen acerca de esta cuestión, mostrándoles que cada uno de ellos tiene dones que pueden ser entregados como ofrendas de adoración a Dios.

Por ejemplo, Dios ha regalado a algunos de tus adolescentes habilidades atléticas, a otros talentos musicales, y a otros dotes artísticas. ¿Por qué no puede un jugador de fútbol dedicar cada una de sus jugadas a Dios? ¿O un músico cada una de sus presentaciones? ¿O un artista sus actuaciones, o un pintor sus cuadros?

La propuesta que se presenta aquí es en realidad tan solo un ejemplo para darte una idea de cómo puedes estructurar tu propio encuentro empleando los dones, experiencias, y habilidades únicos de tus adolescentes. Ten en consideración las posibilidades listadas más abajo.

Dones que los jóvenes podrían ofrecer a Dios como expresiones de adoración

- Cantar (solo o en grupo).
- Danzar como un acto de adoración.
- Tocar un instrumento (solo o en grupo).
- Interpretar una composición musical original.

• Compartir una obra de arte: pintura, dibujo, escultura, o alguna otra cosa creada con sus manos.

• Leer un poema original expresando algún aspecto de la vida cristiana.

• Representar una escena dramática o una lectura.

• Traer alimentos o ropas recolectados para aquellos que tienen necesidades.

• Dar un testimonio de cómo han empleado sus habilidades atléticas en respuesta a Dios.

• Compartir fotografías, videos, o diapositivas tomadas por ellos mismos.

• Preparar una comida como un acto de hospitalidad.

• Usar vestidos en el encuentro de adoración confeccionados por alguien con un don para la costura.

• Un adolescente que sepa bordar o coser puede confeccionar un estandarte de adoración para el salón en el que se reúnen.

Tan solo recuerden que este no es un concurso de talentos, sino un encuentro de adoración. Explica que Dios es nuestro público, y que todos podemos adorar junto con aquellos que están ofrendando sus talentos.

Introducción
(2 minutos)

La adoración es nuestra respuesta a Dios y a quién es él. Y aunque el cantar y el orar son buenas maneras de adorar a Dios, ciertamente no son las únicas maneras posibles. De hecho, nosotros podemos responder y glorificar a Dios a través de virtualmente cualquier talento y área de nuestras vidas. Dios es el público, pero nosotros también seremos bendecidos mientras adoramos juntos con los jóvenes que están hoy aquí para ofrecer sus dones a Dios.

Introduce cada sección con un pasaje de las Escrituras que demuestre el precedente Bíblico para este tipo de adoración. Pide a uno o dos adolescentes que no se encuentren involucrados en otra parte de la reunión, que realicen las lecturas.

Lean Romanos 12:1 o Colosenses 3:17 como un recordatorio final.

Oración «visual» de apertura
(2-4 minutos)

Presenta a tus adolescentes una aproximación creativa a la oración. Pide a algunos jóvenes que estén interesados en la fotografía que preparen una breve «oración visual» con una presentación de diapositivas. Organicen las diapositivas alrededor de distintos temas de oración: naturaleza (dar gracias a Dios por su creación), familia, pastores, líderes de jóvenes, lugares de estudio, etc. Tal vez deseen incluir diapositivas con títulos, indicando cada tema por el cual se propone orar. Que tus chicos oren a medida que son inspirados por las diapositivas.

Lo que Dios dice al respecto
(10 minutos)

Dios nos permite ser creativos en los modos de adorarlo. Cantar, orar, y aprender de la Palabra de Dios son aspectos muy importantes de nuestra adoración, pero ciertamente no son los únicos modos de adorar. Dios nos ha regalado a cada uno de nosotros características únicas, y cada uno de nosotros posee habilidades especiales, talentos, y dones que ofrecer a Dios como expresiones personales de adoración.

He aquí dos principios que revelan la importancia de ofrecer nuestros dones a Dios.

Principio 1: Hagan lo que hagan, ¡háganlo para el Señor! (Colosenses 3:23-24)

En el contexto del pasaje, Pablo estaba intentando animar a los esclavos cristianos a que consideraran su trabajo como si fuera realizado para el Señor. Yo creo que él dijo esto para alentarlos y para ayudarlos a ver las cosas en perspectiva y darse cuenta de que todo lo que hacemos puede ser ofrecido a Dios como una expresión de nuestra adoración hacia él.

Anima a tus chicos a tener la misma actitud respecto de las cosas que ellos hacen. Ya sea en sus estudios, deportes, talentos musicales o artísticos, un trabajo, un ministerio, un hobby… lo que sea que ellos hagan, dondequiera que lo hagan, los jóvenes pueden hacer sus «cosas» para la honra de Dios.

Por ejemplo, Miguel Ángel pintó el techo de la Capilla Sixtina como un regalo para Dios, expresándose a través de las dotes artísticas que Dios le había dado.

En segundo lugar, Pablo dice que «lo hagamos con todo nuestro corazón.»

Anima a los jóvenes a dar lo mejor en cualquier área que Dios les haya dado dones, ¡porque lo están haciendo para él! Si ellos sirven a otros, ya sea realizando tareas de jardinería o yendo en un viaje misionero, ellos deberían dar lo mejor y adorar a Dios a través de sus actos. Si danzan o cantan, alientan a los adolescentes a poner todo su corazón en eso como un acto de adoración a Dios.

Principio 2: Sean fieles con los dones que Dios les ha dado; La parábola de los talentos (Mateo 25:14-30).

Comparte con tus chicos que, tal como en la parábola de los talentos, Dios le ha dado a cada uno de ellos «talentos» propios (no financieros, pero igualmente tangibles). Pide a los chicos que consideren los modos únicos en que Dios ha bendecido a cada uno. Cualquier cosa vale. No es necesario que se trate de grandes habilidades musicales, artísticas, o deportivas. Ayúdalos a darse cuenta de que Dios desea que utilicemos fielmente lo que él nos ha dado para su gloria.

Tal vez algunos de tus adolescentes son acaparadores de gloria, tomando todo el crédito para ellos mismos. Puede que otros estén orgullosos de las cosas que pueden realizar. Y otros tal vez no tengan suficiente confianza o sean apáticos respecto de ofrecer sus dones al Señor. Recuerda a los jóvenes las oportunidades que ellos tienen de adorar a Dios a través del uso de los dones que él les ha dado. Estos dones no deben darse por sentados ni descuidarse.

He aquí algunos ejemplos de «ofrendas» que los jóvenes podrían compartir.

Canto
(10-15 minutos)

Lectura del Salmo 100:1-2.

¡Permite a tus jóvenes que dirijan al grupo en un tiempo de alabanza y adoración con canciones que ellos mismos hayan escrito! Tal vez quieras incluir además algunas canciones familiares si no hay tanto material original. Cantantes, guitarristas, bateristas, etc., todos pueden ser parte de un conjunto de alabanza.

Ofrenda
(5 minutos)

Lectura del Salmo 33:1-5.

La mayoría de los grupos tienen al menos uno o dos jóvenes que tocan instrumentos. ¿Por qué no permitir que ellos toquen una canción especial mientras se recogen las ofrendas, ya sea como solistas o en grupo?

Dando obras de arte como adoración
(5 minutos)

Lectura de 2 Crónicas 2:6-7.

Con anterioridad al encuentro, pregunta a varios de tus jóvenes si les gustaría exhibir algunos ejemplos de arte que ellos mismos hayan creado: dibujos, esculturas, fotografías, artesanías en madera, tejidos, etc. Algunos chicos pueden desear explicar el significado de su arte y en qué modo resulta para ellos una expresión de adoración. Permite un tiempo para alguna representación artística, también.

Danzar delante del Señor
(5 minutos)

Lectura del Salmo 149:1-3.

Ofrece a uno o a un conjunto de jóvenes la posibilidad de danzar. Sugiéreles que preparen una coreografía para una canción cristiana, ya sea movida como para celebrar, o más lenta y reverente. Tal vez otros jóvenes, con dones para eso, puedan confeccionar el vestuario.

Servir a otros como un acto de adoración
(2-5 minutos)

Lectura de Mateo 25:34-40.

Pide a un joven que comparta con el grupo acerca de un acto de amor o servicio que realizó por otra persona. Pídeles que hagan personal el pasaje de Mateo 25, explicando cómo el servir comida en un comedor para gente necesitada, por ejemplo, podría ser realmente *hacerlo por el Señor*.

Testimonios de deportistas
(5-8 minutos)

Lectura de 1 Pedro 2:12.

Pide a un par de deportistas en tu grupo (si es posible, a un chico y una chica) que expliquen su dedicación al deporte que han elegido, y cómo le dan a Dios la gloria y el crédito por sus habilidades. Los jóvenes pueden mostrar video clips, diapositivas, o simplemente preparar una cartelera con fotos o recortes de noticias relacionados con su actividad deportiva. Pídeles que compartan testimonios de cómo ellos entregan sus participaciones deportivas a Dios, y ejemplos de cosas que han hecho para mantenerse firmes en su fe y glorificar a Dios. Luego de que estos atletas hayan compartido con el grupo, invita a aquellos otros deportistas o atletas que así lo deseen a pasar al frente y recibir oración. Pide a otros jóvenes de tu grupo que oren por estos deportistas, para que sean valientes testigos de Cristo en sus respectivos equipos y disciplinas.

Adoración a través de una canción
de celebración o alabanza
(5 minutos)

Lectura de Colosenses 3:16.

Concluyan el encuentro con una canción de celebración o alabanza a Dios, interpretada por un joven solista o un grupo de cantantes.

Tiempo de cierre con silencio y reflexión
(5 minutos)

Lectura de Colosenses 3:17.

Pide a tus jóvenes que inclinen sus cabezas para un tiempo de reflexión espiritual guiada. Un adolescente puede leer suavemente un poema o historia original que tenga que ver con algún aspecto de la vida cristiana. Si resulta apropiado, el encuentro puede cerrarse con una oración.

[1] Worship Services for youth groups (Servicios de adoración para grupos juveniles) Jim Marian. Especialidades Juveniles.

Mano a mano
con

Emmanuel
Lucas
Danilo

Una entrevista realizada por
Lydia C. Morales, editora
de la revista *Vida Cristiana*

10

Lydia: En todos estos años que se ha visto este mover conocido como la restauración de la alabanza y la adoración ¿Cómo ustedes han visto la transición en la iglesia y especialmente en la juventud? ¿Entienden que ha sido un cambio positivo o negativo? ¿En qué sentido?

Emmanuel: En mi caso ha sido muy «padre» ver todo el proceso. Mi iglesia local en Hermosillo, México, era una congregación a donde lo que se predicaba era que las mujeres no usaran pantalones, no se pintaran y solo había un órgano aunque era una iglesia grande de entre 700 a 800 personas. En mi denominación, esa era una de las iglesias más grandes hace veinte años. Pero entonces, llegó un pastor de 27 o 28 años que se puso a predicar la Biblia, y a ayudar a la gente a buscar a Dios. En ese tiempo, mi hermano, Luís Enrique, tiene una «onda» con Dios muy profunda y empieza a conocer de adoración. Comienza a insistir con busquemos a Dios como iglesia y a usar la música para adorar. Entonces, él pidió permiso al pastor para comenzar a introducir coros nuevos a la iglesia y cosas que él iba aprendiendo. El pastor entonces le dijo: «Bueno, tómate cinco minutos» y lo que hacía Luís Enrique es que enseñaba y luego empezaba a cantar un coro nuevo. Luego, todo seguía normal: himnos, tiempo de testimonios, oración por necesidades y todo lo de un culto normal. Pero luego los cinco minutos, se hicieron diez, veinte y ese tiempo se hizo media hora. En ese entonces, yo tenía como 10 años y era parte de los músicos para tocar en los coritos. Pero para mí fue «bien chido» ver toda esa transición, porque veíamos lo práctico que era sacar la Biblia, conocer a Dios de otra manera, y poder expresarlo con música.

Creo que se logra más, y una mejor apreciación cuando se honra lo viejo y se busca a Dios de una manera más actual a nuestra generación.

Ahora que viajo a muchos lugares, me doy cuenta que varias iglesias siguen en ese proceso o han pasado por ese proceso y que en todos los sentidos ha sido positivo. Creo que se logra más, y una mejor apreciación cuando se honra lo viejo y se busca a Dios de una manera más actual a nuestra generación, por supuesto, pero sin dejar lo viejo del todo. Cuando hablo con algunos chavos, que pueden tener algunos 17 o 18 años, y no vivieron mucho esa transición, noto que lo ven diferente. Creen que solo lo nuevo vale. Por eso tenemos que enseñar que la adoración no es solo música, que no es que sea mejor la música de ahora por sobre la de antes. Cada generación tiene su música. Nosotros tenemos que enseñar más y recordarle a nuestra generación de buscar a Dios, en todos los sentidos.

Danilo: A mi me tocó pasar por un proceso parecido. Yo vengo de un contexto bien pentecostal en Costa Rica. Me acuerdo que algunos de los mejores momentos de mi vida fue ir a esos encuentros de jóvenes donde comenzamos a ver la restauración de la alabanza y la adoración y pasar las noches enteras orando, buscando a Dios. Ver a los jóvenes llorar en un salón, buscar a Dios, era algo tan genuino y tan sincero, y de veras la presencia de Dios se manifestaba y tocaba a las personas. Todo ese tipo de vivencia era muy sencilla aunque espectacular. Ahora que miro en la perspectiva del tiempo me doy cuenta que fuimos parte de una generación en que no había mucho que hacer en la música. Entonces, lo que había era suficiente. El enfoque no estaba ahí, sino en descubrir una experiencia espiritual que te llenara. Entonces, la mayoría de los chicos eran bastantes sinceros en su búsqueda de Dios. Eso fue muy bueno, pero luego comencé a notar que también el énfasis estaba puesto en las expresiones externas.

En mis años de universidad comencé a tener nuevas experiencias espirituales. Esto fue diferente a lo que había vivido hasta entonces. Estas experiencias me dieron el puntapié para distanciarme del modelo pentecostal de volumen, exageración, y forcejeo para que algo pase. Digo eso reconociendo que ese era mi bagaje. Encontré que había algo más profundo. Un diálogo que Dios tenía conmigo en el que me aceptaba, me hacía sentir amado y me acercaba a la Palabra. Esto quitó la rigidez que se me había enseñado, ese legalismo del que hablaba Emmanuel al principio. Me llevó a un nivel de relación más personal con un Dios padre, uno que contesta mis temores, mis luchas y mis cosas íntimas. Y dentro de esa vivencia, lo que hay muchas veces es silencio, el estar quieto, disfrutando a Dios. La paz que él trae, pensar sumergido en lo que es él que no necesito hacer nada. Hubo también otros momentos en que también me comenzó a gustar danzar, algo que no se daba en el movimiento pentecostal del que yo vengo. Es que fue parte de comenzar a meterme en la Biblia y encontrar que eso estaba ahí. Descubrí lo que hoy llamamos la unción profética en la música. Una música del cielo detrás de la música que se toca, un canto que viene de Dios detrás del canto que nosotros hacemos. Una extensión espiritual de lo que hacemos en la música que hace a Dios más real a las personas. Ese tipo de «mover» del Espíritu Santo, era algo que yo no veía suceder en la iglesia pentecostal y comenzamos a ver.

Lucas: Yo vengo del otro lado. Mi experiencia viene del sector conservador, específicamente del movimiento de «los Hermanos Libres» una denominación muy influyente del sector no pentecostal en Argentina. Todo era muy serio, sin nada de emoción. Me acuerdo de una vez que cuando, siendo muy chiquito, el líder de alabanza dijo: «...*Un día vamos a estar allá en la gloria, siempre así, cantándole y adorándole al Señor*». Yo le pregunté a mi Mamá: «*¿Así va a ser el cielo?*» «*Sí, querido*», me contestó. «*¡Qué aburrimiento!*» Pensé. Así que le dije: «*No quiero ir, no quiero ir*»... (Risas) Y de ahí me dije: *No puede ser que el cielo sea así, no puede ser que la experiencia cristiana sea esa*. Yo era muy chiquito, pero ya tenía esa interrogante. Ya en mi adolescencia, comenzó a llegar el movimiento de alabanza y adoración. Me acuerdo la primera vez que vino Marcos Witt a Argentina. Fue toda una revolución. Yo acababa de tener una experiencia carismática inesperada. Una que me dio completamente una nueva vivencia de lo que era el cristianismo. En aquel entonces sentí un llamado muy fuerte a trabajar con los adolescentes y empecé a hacerlo con otros amigos. Pero la Iglesia no estaba preparada para eso, así que a mis 18 años fundamos una organización para hacerlo. Todo por la gracia de Dios y porque era una enorme necesidad. En aquel entonces empecé a buscar cómo relacionarme con el Señor de una manera activa que yo nunca había aprendido. Lo que sucedió fue que mi relación con el Señor pasó de ser «una sana doctrina» a un «diálogo espiritual». La experiencia que había tenido fue completamente inesperada, porque fue en el sillón de la sala de mi casa. Mi amigo se estaba sintiendo mal, mi mamá estaba buscando unos medicamentos, y mi amigo me pidió que orara por él porque se estaba sintiendo muy mal. Yo era este hijo de pastores que estaba en la iglesia solo por dos razones: una de pelo largo, y otra sin pelo... Mis padres. Así que empecé: «*Padre nuestro que estás en los cielos... te damos gracias porque un grupo de tus*

>
> Descubrí lo que hoy llamamos la unción profética en la música. Una música del cielo detrás de la música que se toca, un canto que viene de Dios detrás del canto que nosotros hacemos.

hijos nos reunimos hoy aquí para alabar y adorar el nombre del Señor», lo que siempre decían en mi iglesia. Y de repente, algo inesperado ocurre y al ratito estábamos los dos llorando, parados encima del sillón, hablando y viviendo algo que nunca habíamos experimentado. Yo nunca en mi vida había visto hablar en lenguas. Ahí no había ningún ministro de alabanza y nadie nos había inducido a nada. Cuatro horas duró esa oración y al pasar la experiencia era una persona diferente. Entonces, en esa búsqueda es que ocurre que viene Marcos Witt, y yo veo todo esto que me pareció tan sensacional. Hoy viajo por todo el continente y veo en los sectores más conservadores de la iglesia que cantan las canciones de Danilo, de Emmanuel, de Marcos y que totalmente han cambiado su estilo. La mayoría ha «contextualizado» la música. Claro que sigo viendo que, a pesar de todos los cambios estructurales que hubo en lo cúltico, en el terreno personal todavía hay muchísimos que no agarraron que adoración no tiene que ver con un templo, un ministro de alabanza y música. Que obviamente, estos son ámbitos sensacionales para experimentar la adoración colectiva. Pero todavía veo que falta una generación que se despierte a la adoración personal, que tiene que ver con muchísimo más que un concierto y con un personaje famoso usado para la gran noche. Por mi lado, al entrenar a pastores de jóvenes, veo cantidad de líderes juveniles que todavía creen que su misión es hacer una linda reunión. Así que constantemente, les estoy desafiando a pensar que lo que ellos tienen que hacer es proveerle al Señor, lo que dice Jesús que el Padre sigue buscando: quien le adore en espíritu y en verdad. Constantemente les estoy recordando: «Hey, nosotros tenemos que levantar adoradores».

Mi relación con el Señor pasó de ser «una sana doctrina» a un «diálogo espiritual».

Así que veo dos sectores que tienen la misma confusión. Líderes de alabanza y líderes juveniles que creen que todo pasa por la reunión. Por eso deseo en los próximos años ver que entendamos que adoración es un estilo de vida, que adoración tiene que ver con una relación personal. Obviamente, que en lo cúltico podamos vivenciar una presencia de Dios preciosa, fantástica y emocionante. Pero que también podamos vivir eso en el terreno personal.

Danilo: Yo creo que vas al clavo cuando hablas sobre lo individual, lo personal, lo privado, lo íntimo. Porque sucede que cuando converso con muchos, o con los chicos en algún concierto, me dicen: *«Sí, eso es fantástico, pero yo no siento a Dios. Yo no percibo a Dios, yo no escucho a Dios. Yo quiero saber cómo escuchar a Dios»*. Te vas a su vida de oración y no la tienen. Ni tan siquiera saben leer la Biblia. Con eso, se me para el pelo, es de terror y me asusta. Y más me da horror pensar en la generación que sigue después de

ellos. Cuando estos muchachos sean padres, ¿Qué le van a dar a sus chicos? Es terrible que no tengan fundamento. Estamos hablando de personas que están yendo a la iglesia y todo, pero no tienen lo básico que se supone un cristiano es enseñado a seguir cuando comienza. Y no es que quiero criticar a nadie. Simplemente, me pongo a pensar «¿Qué le ha estado pasando a la Iglesia?». Si no podemos sentarnos con una persona a explicarle lo más rudimentario de cómo alimentarse espiritualmente. A mí me cambió la vida el descubrir que aunque lo público estaba bien, podía encontrar a Dios yo solo encerrado en cualquier lugar. Por eso hacemos este libro. A lo largo de todos estos años, los momentos más trascendentales y de mayor cambio suceden cuando estoy solo. Esta generación le tiene miedo a la soledad y al silencio. Yo creo que si lo aplicamos a la liturgia, la iglesia le tiene horror a estas cosas también. La noción de la importancia de la presencia de Dios como vivencia constante para toda la gente, todavía no está clara. Lo que es la importancia de la vivencia personal del adorador, está faltando. Que tenga el espacio de interiorizar el mensaje, el espacio para que ese adorador pueda tocar a Dios. Simplemente que tenga el contacto con esa presencia de Dios en una reunión, no me parece que se entiende.

Lucas: En el siglo pasado, haciendo un poco de historia de la iglesia, por primera vez diferenciamos, como nunca antes había ocurrido, la oración de la adoración. Para la iglesia primitiva, la adoración y la oración eran lo mismo. Es imposible adorar sin orar, no existe. La verdadera oración es un diálogo, y la adoración también lo es. Algunos podemos cantar, otros no podemos cantar. Pero lo sensacional es que podemos conversar con el Señor y reconocer quién es él. Hace años hubo iglesias que se dividieron por si usar batería o no usar batería. Hoy no quedan muchos sectores con ese tipo de discusiones. Pero todavía hay demasiados que creen que la adoración pasa por cantar lento en el culto y cerrar los ojos.

Emmanuel: Yo creo que parte de la «onda» es que nosotros crecimos siendo entrenados en cuanto a esto pero ahora es diferente. Yo iba a conciertos donde Danilo enseñaba, Marcos enseñaba, en mi iglesia local mi hermano enseñaba qué era adorar a Dios y qué no era adorar a Dios. Había un énfasis en que la expresión no es la adoración, había un énfasis en que Dios oye más fuerte nuestro corazón que lo que cantamos. Eso crecimos oyendo. Pero ahora que veo una generación diferente, los chavos no saben. Y no es culpa de ellos, sino es culpa de nosotros (si vamos a culpar a alguien) porque no les enseñamos de qué se trata esto.

Yo tengo tres hijos varones, y me he dado cuenta que lo que le enseñé a Ángelo de 5 años, se lo tengo que enseñar a Mike también, mi segundo hijo. No porque lo enseñé una vez a mi hijo mayor, ya lo debo dejar como que eso ya se arregló o aprendió en mi familia. A Mike le tengo que decir también, y lo chistoso de esto es que Mike lo entiende diferente a Ángelo. O sea, tienen los mismos papás, vivimos juntos. Cuando viajamos, viajamos juntos, comemos lo mismo, o sea, son las mismas experiencias, pero las ven diferentes. Lo digo porque reaccionan diferentes a la disciplina, son diferentes socialmente uno del otro, la manera en que se llevan con otros niños. Y mi esposa y yo tratamos de hacer el mejor trabajo, pero ellos son distintos. Y creo que es ahí, que nosotros debemos tratar de enseñarles a esta nueva generación hacia dónde es la meta. Que no nos pase como a Israel, que tuvo una generación que no sabía de las grandezas que Dios había hecho. Y estoy seguro que como dieron por sentado que la generación anterior las conocía, la nueva generación iba a saber. Ahí es donde siempre nos toca trabajar en una nueva generación de adoradores.

Danilo: Vuelvo a la liturgia o nuestra manera de hacer reuniones. Cuando comenzamos a salir con mi grupo, mi cuñado tocaba el piano en un ambiente quieto y la gente encontraba a Dios. Había gente que se sanaba, gente con opresión espiritual se liberaba. Mi hermana, de pronto, cantaba una canción de parte de Dios a alguien o a la iglesia en general. Y eso no lo habíamos visto nunca. Causaba un impacto increíble en la gente también, por lo que veíamos un fruto espiritual.

Entonces, esa vivencia fue muy distinta. Por muchos años, antes de conocer a Marcos Witt y entrar en todo lo que fue el mover de la alabanza, que buscó echar mano de un estilo de alabanza más contemporáneo, nosotros éramos un grupo que buscaba contrastar con lo que habíamos visto en el pentecostalismo. Entonces, nuestra música era mucho más suave, más tranquila, precisamente porque sabíamos que cuando entrábamos en una iglesia (y nos pasaba todo el tiempo), el contexto anterior era las panderetas, la bulla y el ruido, entonces nosotros nos íbamos al otro lado, les decíamos «vénganse para acá porque hay más que eso». Lamentablemente, la exageración en el alboroto no profundiza, no nos deja intimar con Dios, mayormente apela a las emociones. Entonces, se comienza a experimentar otro proceso, un proceso

Para la iglesia primitiva, la adoración y la oración eran lo mismo.

donde no necesitamos todo eso para encontrar a Dios y tener una experiencia. Vamos a profundizar, a cantar como gente normal, sin exaltar el momento. Que sea una canción bonita, una melodía que se disfrute, una música que se pueda escuchar, y que Dios haga lo que él quiera hacer y punto. No vamos a empujar nada, no vamos a forzar nada, vamos simplemente a disfrutar a Dios. Ese fue nuestro acercamiento en ese momento y a esa gente. No fuimos muy populares entre los pentecostales en un principio y vimos una confrontación constante, pero eso provocó un cambio. Pero las cosas fueron cambiando. Hoy día, lo que llamamos el movimiento de música y adoración, se da en un contexto de concierto. Y el contexto «concierto» no obedece a la realidad de la vida diaria de una iglesia. Entonces, los chicos van a una noche de adoración, o a un concierto, y se vuelven a su iglesia, y se preguntan por qué no tengo lo mismo, por qué no siento lo mismo. Entonces interpretan que necesitan el concierto, de saltar, el equipo, las luces, la banda sonando bien fuerte y el ministro conocido. Así el problema es también de

Siempre nos toca trabajar en una nueva generación de adoradores.

iglesia porque este tipo de idea pone en desventaja a la iglesia local en cierto sentido.

Lucas: Ahí diste en el centro de por qué trabajamos en este libro. El público del libro son los líderes de jóvenes y líderes de alabanza de las iglesias locales que quieren o deberían anhelar que sus jóvenes se conviertan en verdaderos adoradores. El hecho de que compran un libro con ese título supongo que indica que eso es lo que desean. ¿Qué es lo que tienen que hacer, qué es lo que tienen que esperar también? Porque estoy de acuerdo, muchos cuando piensan en adoración, piensan en ese súper concierto con Danilo Montero, con Rojo, con Marcos o con el mejor músico que puedan encontrar. Pero, el cómo llevar esa vivencia a la iglesia local, verdaderamente va a ayudarnos como iglesia a tener una generación

de adoradores. ¿Qué hay más allá del concierto? ¿Qué es lo que queremos comunicar a esta generación?

Danilo: En ese sentido estamos igual que hace veinte años, pero con mejor música. Diría que estamos en un lugar más peligroso, porque ahora creemos que sabemos más porque manejamos un mejor estilo o porque el culto se hizo un poco más contemporáneo. Pero en realidad no es así. Si te vas al fondo del tema te das cuenta que los paradigmas no cambiaron. El servicio se maneja así, y si hay una parte en la reunión, por ejemplo, donde la presencia de Dios toca a las personas y apela a la necesidad de ellos, no se respeta eso. El programa siempre prevalece por encima de la vivencia del adorador y esa es una de las cosas que a mí me inquietan. Entonces no hubo realmente un cambio. Hubo un cambio superficial. Pero el conocimiento que trae el verdadero cambio no está, y por eso no lo podemos trasmitir tampoco. Traigo otro ejemplo con nuestros equipos de alabanza. Conozco a muchachos con unas ganas impresionantes de ser usados por Dios, de tocar y enseñar a la gente alabanzas. Pero cuando te sientas con ellos, si les preguntas: «¿A dónde quieres llevar a las personas?» No saben. Entonces me quedo pensando y digo: «Señor, ayúdame, porque este muchacho me está demostrando a mí que yo no estoy haciendo mi trabajo como líder». No estoy criticando al joven, sino estoy diciendo «yo estoy fallando». Porque este chico se para adelante, toda la semana monta la música que nos escuchó cantar a nosotros, pero no llegó a ninguna parte, porque él no ha tenido tampoco, ni el conocimiento ni la experiencia de saber que «aquí es donde tenemos que ir».

Lucas: Digo esto con pena, pero mi experiencia es que una de las personas más difíciles que hay en el ministerio de América Latina es el músico. Y es más triste cuando se supone que estos músicos son «los adoradores». Los ves detrás de la plataforma y algunas de estas personas son las más complicadas con quién te puedas encontrar. El otro día hablaba con un pastor y me decía: «*Algunas de las personas más carnales que tengo en mi congregación son los ministros de alabanza*». ¿Cómo se creó ese monstruo?

Danilo: Bueno, ¿Qué era lo que sacaba de Marcos las prédicas más decapitantes que cambiaron el continente? Eso que estás diciendo, y eso pasó hace casi 15 o 20 años atrás. Eso era lo que hacía resonar en nosotros en todos los congresos de adoración a los que íbamos. Y nos hizo arrepentirnos y buscar otras actitudes. El problema es que está pasando otra vez, pero está pasando por lo que en esencia dijo Emmanuel. Ahora hay muchos jóvenes, muchos nuevos líderes y muchos músicos a los que les hace falta fundamentos y volver a aprender estas cosas fundamentales.

Lydia: Entonces, ¿qué se puede hacer?

Danilo: Voy a una experiencia que tuve que me da la idea de cómo llevar a la gente a buscar lo importante. En este último año, pasé por una época en donde no solo tenía unas decisiones muy pesadas que tomar, sino que yo mismo estaba pasando por un momento donde quería escuchar a Dios. Pero la verdad que no lo veía ni escuchaba por ninguna parte. Quería orar y no percibía la presencia de Dios tampoco. Me desmotivé y dejé de orar en lo privado. Uno de mis pastores me escucha en el teléfono y me dice: «*Yo nunca te había escuchado hablar así. Así que voy a ir a Orlando a verte.*» Así que acordamos pasar dos días juntos y ayunar. Yo siempre ayuno cuando necesito enfocarme en Dios y en las cosas importantes de mi vida, así que acepté que él estuviera conmigo. Pues, él llegó y se sentó en la sala de mi casa conmigo dos días. Oramos las primeras horas de la mañana, y luego él abrió la Biblia y comenzó a leer. En ciertos puntos comenzó a detenerse y preguntarme: «*¿Qué está diciendo el Señor ahí?*». Yo contestaba, esto y lo otro aunque no muy entusiasmado. Y volvía sobre otro pasaje, y volvía la pregunta y yo contestaba. El primer día lo pasamos así. Y yo pensaba: «Eso está bien, hace días

Conozco a muchachos con unas ganas impresionantes de ser usados por Dios, de tocar y enseñar a la gente alabanzas. Pero cuando te sientas con ellos, si les preguntas: «¿A dónde quieres llevar a las personas?» No saben.

que no abría la Biblia, esto me está ayudando». Pero me daba cuenta que teníamos posiciones muy distintas con respecto a lo que él estaba leyendo. Y sobre todo, cuando él trataba de aplicar eso a mi vida, más increíble era la discusión. Yo le decía: «*No, no estoy de acuerdo, no me parece, yo pienso esto…*».

Al día siguiente, nos sentamos en la misma sala, abrió la Biblia, oró y leyó la última parte. Estaba leyendo en Hebreos. Yo no sé explicarles lo que pasó. De la mejor manera que lo puedo decir es que cuando llegó a cierto punto, cerró la Biblia y oró: «*Señor, ayúdanos a creer tu Palabra nada más. Tú eres el Padre que nos das tu palabra y tu Palabra es verdad. Ayúdanos a creer*». Cuando lo escuché orar así tuve un «flash back» (retroceso) que me llevó atrás cuando a los doce años llegué por primera vez a una reunión cristiana y escuché al evangelista predicar la Palabra. Todo lo que ese hombre dijo lo creí al pie de la letra, y pasé adelante y recibí al Señor. Y me dijo el Señor en ese momento: «*¿Te acuerdas como eras tú, tú creías al pie de la letra mi Palabra?*» Esta pregunta tuvo un impacto tan grande, que rompí a llorar sin consuelo. Me di cuenta que lo que me estaba pasando era que había desarrollado una incredulidad tan impresionante que yo no la podía ver, sino hasta que alguien me confrontó. Ese momento, me abrió los ojos. El resto del día fue disfrutar la presencia de Dios en una dimensión que tenía días de no vivirla. Leer la Palabra y ver cómo ordenaba mis pensamientos. Me traía guía para tomar las decisiones que tenía que tomar. Creer que lo que seguía era posible. Eso que viví es parte de la respuesta para esta generación. Esta generación valora las relaciones, valora lo que es genuino, de verdad. Yo veo que cuando los jóvenes ven en una persona que está viviendo una experiencia real con Dios, se acercan y lo quieren. Porque se dan cuenta que sí es genuino. O sea, no son tontos. Cualquier persona ve a un líder que nos paramos adelante y sabe si nosotros estamos simplemente predicando y hablando cosas bonitas o si estamos realmente viviendo eso.

Por eso creo que es tan importante que con la nueva generación haya cercanía. Creo que la pastoral a ese nivel es una de las maneras de trasmitir conocimiento, pero conocimiento aplicado a tu vida, cómo esto que leemos juntos te contesta tus preguntas acerca de Dios.

Lydia: Ya que cada uno ha hablado de su trasfondo, su experiencia individual, y han identificado no solo los beneficios del movimiento de alabanza, sino la decadencia de la enseñanza que ha vivido la siguiente generación;

han mencionado que la adoración va mucho más allá de la música, del concierto, y han identificado las necesidades de esta generación de vivir realmente una vida de adorador, ¿cuáles serían los principios claves para tener una vida de adoración?

Emmanuel: Yo creo que es bien clave saber que estamos en un proceso, es un viaje. Yo creo que a veces queremos adorar a Dios cuando estemos bien, o después del congreso o cuando termine este libro. Estamos esperando arreglarnos para decir «Ah, bueno, tengo una vida de adoración». Y lo que a mí me ha servido mucho, que lo descubrí en serio hace como seis o siete años, es que Dios me recibe así como estoy. Con todas mis dudas y mis complejos y mis temores. Dios está ahí siempre. Yo escucho muchos a chicos que se sienten muy condenados, porque no pueden llegar a un nivel que se les exige. Con buenas intenciones, se les dice: *«esto es vivir para Dios»*, *«esto es demostrar que eres un seguidor de Jesús»*. *«Si tienes discípulos, si haces algo para las misiones, si pones tal ofrenda»* ¡Qué vas! Entonces dicen: «Híjole, me falta un chorro». Y eso sinceramente, me daba para abajo a mí, como decimos en México. Por eso creo que es clave saber que estamos en un viaje. Mi viaje es diferente al de Danilo, al de Lucas, al tuyo Lydia. Pero yo estoy en un viaje. Y es un proceso ir llegando a conseguir todas esas cosas en mi vida y debo seguir intentando aunque ya no lo haya alcanzado todo.

Yo creo que otra clave sería llegar a poder hacer de la adoración un hábito. Cuando yo estaba queriendo estudiar bajo, no fue un día que me levanté con

ganas y ya. Aunque me encanta el bajo, aunque me encanta la música, era una lucha tener que seguir estudiando cuando no me daba ganas. Fue un trabajo lo de ir aprendiendo, estudiando y preguntando para seguir mejorando. Me viene a la mente lo que dice un proverbio antiguo: «*Siembra un pensamiento, cosecharás una acción; siembra una acción, cosecharás un hábito; siembra un hábito, cosecharás un carácter; siembra un carácter, cosecharás un destino*». Queremos tener el carácter de Cristo, pero es un proceso. Como dice en Filipenses que el que comenzó la buena obra, la va a perfeccionar hasta el día de su venida. Hey, estamos en trabajo, estamos siendo procesados. Y la onda es darle, y cada vez que tropieces, sacúdete y síguele. No te tienes que regresar hasta el principio. Creo es bien clave tenerlo claro, no importa la edad que tengamos ni el trabajo que estamos haciendo. Saber que estamos en un proceso.

Es importantísimo para mí lo que Danilo contaba. Nosotros tenemos situaciones así que vivimos constantemente. Y las personas tienen que saberlo.

Danilo: Yo opino que sí aunque vengo de una escuela que opina lo contrario. Y nos decían lo contrario.

Lucas: Lo que sucede es que hoy tenemos una generación que quiere ver autenticidad. Y le hace bien saber que justamente no es que adoramos porque ya llegamos, sino que adoramos porque seguimos viajando con el padre a pesar de que nos equivocamos.

Emmanuel: Así que creo que la primera clave es saber que estamos en un proceso; segundo, formar ese hábito de adoración; y, tercero, estar claro con las personas a mí alrededor. Como Danilo con su pastor, yo rindo cuentas a dos personas de todo lo que yo hago, y tengo a chicos que me rinden cuentas a mí de sus cosas también. Estamos en la misma ciudad, y ellos tienen toda la libertad de venir y abrirse conmigo de sus cosas. Siempre cuando hablamos de cosas personales, terminamos adorando a Dios. Porque a fin de cuentas todo se trata del reino de Dios en nosotros, estar sometidos a él y es estar entregados a él. Aunque no seamos perfectos. Por eso tenemos que tener personas que nos ayuden en esa búsqueda e intimidad con Dios. Alguien a quien podamos ir con nuestras dudas. A veces, nos hemos hecho unos expertos en generar una experiencia en los chicos. Y hasta se puede tener una experiencia y sentirse cercano a Dios sin conocerlo más. Porque nuestras emociones están muy metidas y, de repente, estás en un «broncón», y emocionalmente es muy satisfactorio. Pero, al día siguiente del domingo, seguimos igual que la semana anterior. Porque fue una experiencia emocional.

Si tenemos líderes mentores que nos ayuden a poder conocer más a Dios en la experiencia que ellos han tenido, nos pueden ayudar más a nosotros. Y a nosotros nos seguirán otras personas.

Lucas: Para mi vida personal, una de las claves ha sido asumir riesgos. El hecho de tomar decisiones en fe que son riesgosas, me ha ayudado muchísimo a depender del Señor. A veces he tenido que tomar una decisión, y luego me doy cuenta que sin la ayuda de Dios no hubiera podido manejarla. Cuando voy más allá de mi dinero, más allá de mis contactos, más allá de lo que aparentemente me es posible hacer, termino dependiendo de su gracia. Y eso me ha ayudado a cultivar mi relación con el Señor. Hace un tiempo me di cuenta que es como algo proporcional. Que si no estoy asumiendo riesgos, empiezo a confiar en mi propia carne, en mi propia situación. Asumo un riesgo y enseguida estoy de rodillas hablando con mi Señor y adorándole. Así que miro mi vida hacia atrás y digo que esto siempre me ayudó a vivir más cerca de mi Señor, a confiar más en él, y a depender de él.

> **Es clave saber que estamos en un viaje.**

Otra de las claves ha sido la disciplina del retiro. Separar un tiempo. A mí me ayuda mucho el silencio. Me encanta meditar, me gusta leer y pensar. El Señor me habla fuertemente en ese sentido. Yo leo mucho y hablo con algunos amigos de esto, que a veces como uno está en el ministerio, agarramos libros para

ver cómo preparo mejor mi mensaje, cómo enseño esta clase, cómo escribo lo otro, pero no para mí. Por eso de tiempo en tiempo separo un libro y digo «este libro es para mí». Hay un libro, por ejemplo, que se titula *Alabanza a la disciplina* por Richard J. Foster que desde hace años leo en enero porque me hace bien. Lo leo y me detengo; *ahora qué me está diciendo*. Y lo mismo, obviamente, hago con la Biblia. Así que separar un día de retiro personal para meditar de cuando en cuando me hace muchísimo bien para cultivar mi relación con el Señor.

Y otra clave para mí es, y hay muchas, depender de su gracia, saber que él está siempre con los brazos abiertos. Que no tengo que estar bien para volverme a acercar. Me encanta que Dios maravillosamente haya incluido la historia de David en la Biblia. Un hombre conforme al corazón de Dios pero cuando miramos sus historias nos damos cuenta de cuantas veces fue un hombre de terror. Nadie lo aceptaría como miembro de ninguna iglesia. Pero era un varón conforme al corazón de Dios porque a pesar de que caía como monstruo, seguía buscando a Dios. Eso es crucial.

Danilo: En mi caso, a los veinte años, cuando tuve ese encuentro con Dios lo que inició mi vida de adoración fue encontrar un amor sin condiciones. Emmanuel hablaba de que muchos jóvenes están en culpa, en condenación y todo eso. Por eso creo que es muy importante que para que las personas desarrollen una vida de adoración sepan quiénes son para Dios. Quiénes son en la obra de la cruz, en Cristo. Y aunque eso suena un poco teológico, cuando se enseña de manera práctica, esto libera tremendamente a las personas. Cuando se saben amadas, aceptadas, cuando saben que la santidad es una obra completa aunque también sea un proceso que se desarrolla en la vida. Cuando en ese sentido dejan de ponerse cargas y expectativas que los abruma, y se liberan para caminar y permitirle a la gracia de Dios trabajar en su vida todos los días.

Otra clave es que uno necesita saber quién es Dios también. Es esencial para todos nosotros sin embargo no veo mucho tiempo dedicado a descubrir la riqueza de quién es Dios. Algunas de nuestras canciones, por ejemplo como las que escribe Emmanuel, ayudan a descubrir las riquezas de Dios. No están todo el tiempo diciendo: «Señor, ayúdame, auxíliame, perdóname, úngeme» como que el foco somos nosotros. Creo que, como dice un pastor del norte de Estados Unidos nos hace falta darnos el lujo de encontrar saciar nuestra sed en la persona de Dios. Él dice que si los jóvenes cristianos están batallando tanto en el área sexual, en la pornografía, en las relaciones fuera del matrimonio, se debe en parte a que no han descubierto cómo encontrar placer en la persona de Dios. Lo suficiente como para que cualquier otro placer que estamos buscando, que es ilegítimo, gane. O sea, creo que nos falta eso, y sería muy bueno pegarnos a libros y desarrollar estudios donde las personas descubran las riquezas de quién es Dios. Me parece que la adoración en el día de hoy en el mundo hispano está muy enfocada en necesidades. Y vuelvo a ser reiterativo en lo que estoy diciendo, porque creo que es muy importante. Está muy enfocada en los sentimientos, muy enfocada en lo romántico de la relación con Dios, pero necesita tener la base de quién es Dios, y de crear una admiración hacia la persona de Dios.

Por otro lado uno debe llevar a las personas a descubrir que somos sacerdotes. Cuando se enseña lo que pasó en la cruz, cuando enseñas lo que significa la presencia del Espíritu Santo en nosotros, cuando enseñas lo que significa ser templo del Espíritu Santo, cuando enseñas esas leyes de cercanía con Dios en Efesios, por ejemplo. Cuando tú enseñas lo que es el sacerdocio de Cristo, uno dice: «Pero Dios mío, en dónde estaba yo», «en qué estaba creyendo yo». Entonces, esos temas liberan a las personas para vivir en adoración. Nosotros necesitamos ayudar a las personas a quitar el enfoque exagerado en las emociones y a ponerlo en la verdad. Y nuestra generación vive en las emociones. Un adolescente vive con emociones, es exageradamente emocional. Y todos sabemos que las emociones son buenas, pero qué dice la verdad. Yo no puedo ni siquiera percibir la idea de adorar a Dios sin disfrutarlo. Pero la verdad es la que te puede permitir hacerlo realmente. Esto está muy cerca de los chicos, porque ellos viven muy entorno de enamorarse, por ejemplo. Porque el enamorarse conlleva la cuestión de la sensualidad y emoción, que es bueno. Pero amar es otra cosa. Entonces, por no saber manejar lo que es amar, y la diferencia entre enamorarse y amar, cometen errores en sus relaciones. Lo mismo sucede con respecto a Dios. Entonces, es un tema importante que tenemos que entender y ayudar a los chicos a entenderlo. No podemos adorar las emociones. Adoramos a Dios, y Dios es un Dios de verdad. Y la verdad nos lleva a disfrutar esas emociones en el orden de Dios.

> Tenemos que tener personas que nos ayuden en esa búsqueda e intimidad con Dios. Alguien a quien podamos ir con nuestras dudas.

> Cuando voy más allá de mi dinero, más allá de mis contactos, más allá de lo que aparentemente me es posible hacer, termino dependiendo de su gracia. Y eso me ha ayudado a cultivar mi relación con el Señor.

Otra idea que a mí me ayudó mucho cuando adolescente fue llevar un diario de mi vida espiritual. Quizás a una persona le funcione y a otra no. Pero a

mí me ayudó. Yo leí durante muchos años este libro devocionario, *Manantiales en el desierto*. Y me lo disfruté increíblemente. Pero que luego de eso, unos amigos mentores me enseñaron cómo estudiar un texto bíblico, sacar su verdad central y luego su aplicación. Escribir en un diario qué me dice Dios para el día de hoy y cómo puedo aplicarlo en mi vida. Y luego escribir algunas de las oraciones más importantes que yo hacía durante el mes. Escribir cuando yo percibía que Dios me hablaba de alguna manera. Ese tipo de cuestión. A las chicas les funciona mucho la idea de llevar un diario. No sé de los chicos. Pero esa es una manera práctica para algunas personas. Creo que eso le puede ayudar.

Por último, para mí fue clave leer el libro *Practicando la presencia de Dios*. Un libro clásico de Alfonso de Liguori ¡Qué buen libro, muy interesante! A mí me abrió los ojos a mis veinte años, porque yo nunca había escuchado sobre ese tema. Y en esencia, el libro habla simplemente de hacerte consciente de la presencia de Dios durante el día y cómo lo haces. A mí me ayudó a liberarme del cliché de que adoración es algo de la reunión. De pensar que cuando salgo de ahí, ya no estoy en la presencia. También rompió otro paradigma que fue separar lo secular de lo sagrado. Todo tiene que ver con lo mismo. Todo lo que yo vivo es sagrado realmente. Por lo tanto, si yo trabajo, aunque no me guste mi trabajo, el hecho de aprender a hacer mi trabajo con una actitud de amar a Dios, es adoración. Eso es liberador para las personas. Cuando los chicos vienen a este asunto de escoger una carrera, y se sienten mal porque sienten que Dios los quiere sirviéndole a él. Sienten culpa porque se van a ir «al mundo secular.» No sé si esto sucede mucho hoy, pero en mi tiempo estaba esa idea.

Lucas: Creo que aún sigue la idea en muchos sectores de que servir al Señor es ser pastor, misionero, maestro de escuela dominical o ministro de alabanza. Como si lo demás es solo trabajo secular, y no se puede servir al Señor haciendo otra cosa.

Danilo: Y seguimos hablando así. Todavía estamos hablando de música cristiana y música secular. Pero practicar la presencia de Dios me sigue afectando al día de hoy, me cambia la vida todo el tiempo. Creo que es un concepto que hay que entender.

Lydia: Al ser figuras públicas, que los chicos están mirando y hasta imitando, me gustaría que les compartieran un poco de lo que a ustedes más les cuesta en su relación con el Señor. ¿Cómo han hecho para sobreponerse y seguir adelante?

Lucas: No se si a ustedes les pasa pero a veces el ver demasiado «backstage», me refiero a ver como muchas cosas son fuera del escenario en eventos o iglesias me desanima. Hay bastante manoseo de los ministros y de los eventos y eso a veces a la larga te va produciendo incredulidad. Otra es la rutina de siempre estar viajando a un ritmo loco. Tanto activismo religioso también te puede secar. Sin cultivar una espiritualidad secreta el ministerio te puede matar. Nos puede secar increíblemente. Por eso es muy importante que los

líderes sepan que nuestra relación con el Señor no tiene inicialmente tanto que ver con el ministerio de arriba del pulpito. Algunos creen que cuanto más reconocido sea un ministerio es porque mejor se está con el Señor y eso es un engaño. Esa es una ecuación tonta. El Señor no está impresionado por cuántas veces prediqué en el año. Eso es algo de lo cual tengo que estar consciente para luchar primero de todo en mí y luego dejárselo claro a los demás para ayudar a la nueva generación a ser más madura en cuento a eso.

Otra lucha personal podría ser el conformismo. Yo arranqué en el ministerio siendo muy joven y disfruté de cierto éxito ministerial muy temprano. Y a veces eso te invita a sentirte conforme y cómodo con eso. Dejando tus ambiciones en el terreno ministerial y no en el personal. Yo tengo que pelear para que no se detenga mi ambición de Dios, quiero más de él. Uno de mis capítulos favoritos que me impresiona es el de Filipenses 3, donde el apóstol Pablo, ya siendo el apóstol y reconocido por el resto de los discípulos y habiendo escrito varias de las cartas que van a conformar el Nuevo Testamento, ya siendo el teólogo más respetado de su tiempo, dice «*yo quiero conocerle a él*». No se trata de un adolescente el que dice eso allí. Se trata del apóstol Pablo, y esa sigue siendo su oración: «*No que ya lo haya alcanzado, sino que prosigo a la meta...*». Pero a veces me pasa, a veces me conformo. Pero gracias a Dios, que surgen circunstancias o vienen personas que me dicen: «*¿cómo está tu relación con el Señor?*» Y eso me ayuda a estar atento.

Emmanuel: En mi caso, hace unos seis o siete años, entendí que mi tendencia es ir hacia abajo, no a mantenerme. Por eso, si yo no me pongo concientemente a buscar a

Dios, a educarme más, a pedir consejos, entonces voy para abajo. Cuando me di cuenta de que mi naturaleza es así, puse atención. Me cuido de cosas prácticas, por ejemplo, nunca había tenido cable en mi casa, hasta ahora que tenemos niños. Y el tipo de canales que tenemos es para la familia nada más.

Yo no puedo ni siquiera percibir la idea de adorar a Dios sin disfrutarlo.

Me cuido de no llevar conversaciones a un punto donde «la voy a enredar», digamos. Cuido mucho mi actitud, porque he ido aprendiendo con el tiempo que lo que quiero hacer es ayudar a otras personas que se enchufen con Dios. Que sepan para qué existen. Eso es lo que yo quiero lograr. Y siempre que tengo esa oportunidad lo hago.

En mi viaje, del que antes hablamos, yo sé las cosas que no me ayudan y las que sí me ayudan. Y si algún amigo vive una experiencia difícil en su familia por una mala decisión yo trato de aprender de eso, en vez de esperar a vivirla. Para mí, sinceramente me es más fácil tener una relación más activa y continua con Dios cuando estoy de gira que cuando estoy en casa. Porque como que ando enchufado y andas con el buen miedo de que si no estás enchufado, sabe Dios qué puede pasar. No quieres hacerlo en tus propias fuerzas sinceramente, así que te metes o te metes con Dios, para que él haga lo que quiere hacer a donde te está llevando. Entonces, cada vez que estoy sirviendo a Dios estoy más enchufado con él.

Danilo: Es curioso que lo digas, porque es cierto. En mi caso es igual. Yo puedo ser más vulnerable en casa que afuera. Y por vulnerable me refiero a la rutina, al aburrimiento, al

conformismo. Porque cuando voy a ministrar, yo quiero que Dios haga lo que él quiere hacer, y yo quiero ser un vaso que simplemente se deja usar por Dios. Ya cuando estoy en casa, como no estoy ministrando a nadie, aparte de que uno viene cansado, entonces se relaja. Yo soy uno que cuando estoy en casa puedo sentarme frente al televisor, y cuando me doy cuenta ya han pasado horas, así en un modo pasivo totalmente viendo la televisión. Entonces, no tengo cable en mi casa. Me hace falta por algunas cosas, pero no tengo porque sé que es algo que me entorpece. Y todo lo creativo que quiero ser lo mando al basurero. Por eso, no tengo cable. Hoy con lo que tengo puedo manejarlo, o sea, puedo ver un programa que me guste, lo veo y cuando se acabó, lo apago. Pero he aprendido que el descanso no es tirarse por horas en un sofá o en la cama, tipo vegetal.

Lydia: ¿Como ustedes ven a los jóvenes de hoy en cuanto al mensaje que se proyecta hoy día a través de la música? ¿Los ven apasionados por el Señor o están en otra cosa?

Lucas: Yo veo a la juventud hispana con un potencial increíble. Es la generación más grande que se haya visto en la historia en nuestro continente en los próximos años, según las Naciones Unidas. Es un hecho demográfico que cada vez habrá más jóvenes en Latinoamérica. En el año 2012 se estima que más del 70% de la población latina puede tener menos de 25 años. Por lo tanto, eso representa un potencial gigante. Lo que falta es desarrollar en ellos fundamentos, y para recibir fundamentos necesitan modelos cercanos. Modelos que estén ahí con ellos. Gente donde ellos puedan ver que no es una careta arriba de un escenario con un discurso muy bien preparado, sino algo que se puede vivir en la vida diaria. Eso es algo que nosotros tres tenemos como desventaja. Nosotros vamos de ciudad en ciudad, hacemos nuestra parte, y ya nos vamos. Los jóvenes necesitan modelos de vida real. Alguien que esté ahí con ellos, alguien que los ame, que los escuche, y alguien que les enseñe. Que les dé fundamentos sólidos. Porque no puede ser que el gran momento sea cuando llegó el súper orador, o el gran cantante. Eso está buenísimo que ocurra. Pero, la gran necesidad que veo es de líderes juveniles capacitados, entrenados y que sepan modelar lo que estamos predicando.

Emmanuel: Igualmente, yo creo mucho en mi generación. Yo creo que esta es la generación más capacitada. La generación más arriesgada. Los oigo hablar muy diferente a hace diez años. Yo empecé a viajar desde los 18 años con Marcos, y se me acercaban chavos desde entonces para platicar. Pero los jóvenes de ahora hablan diferente. Hay dos que me han dicho que van a ser presidentes de su país. Y no solo están orando para ser presidentes, sino que están estudiando y preparándose para eso. Hay más chavos que están comenzando cosas como empresas, o cómo pueden servir en sus ciudades. O sea, se ha hecho una «onda» más práctica en lo que ellos quieren hacer. Y yo creo que por eso es lo mismo que nuestra generación quiere hacer cosas diferentes. Va a llevar a que tengamos menos becerros de oro, en la manera de servir, en la manera de admirar a otras personas. Porque hay una admiración sana, y a veces otra admiración mala. Pero como esta generación es más activa, en vez de dejar «ah sí, lo que diga el pastor», sin dejar el obedecer al liderazgo, van a lograr muchas más cosas increíbles. Habrá menos protagonistas, que se puedan contar en Latinoamérica, pero habrá muchos más locos haciendo cosas regionales. Yo creo que la clave sigue siendo enchufarnos con Dios. Todos tenemos ese enchufe desde que nacemos, así que nos tenemos que conectar con algo. Y la onda es conectarnos con Dios. Pero eso, con toda la fuerza que trae nuestra generación, va a estar increíble lo que viene.

El Señor no está impresionado por cuántas veces prediqué en el año.

También, como mencionó Lucas, los chavos ven cuando alguien es transparente o no. Especialmente, he visto países donde debido a la corrupción, su cultura, donde muchos son víctimas de tantas cosas horribles, habría un poco más de trabajo que hacer. Pero en general, es una onda de no conformarse, de estar hartos de lo mismo.

Lucas: Hay una generación que ya no le basta que alguien se pare arriba y diga: «*Hay que creer esto*». Por eso decía que

> Si yo no me pongo
> concientemente a
> buscar a Dios, a
> educarme más,
> a pedir consejos,
> entonces voy
> para abajo.

quieren «ver» más que «escuchar». Y por eso necesitamos un modelo de liderazgo más real y más auténtico. Y parte de la autenticidad es lo que decía Danilo. Hablar de los momentos de soledad, los momentos de dificultad, que los tenemos. Es muy importante que el nuevo liderazgo haga eso. Que nos quitemos la careta de súper espirituales y mostremos que estamos en nuestro peregrinaje y que seguimos creciendo. Que a veces tenemos victorias, pero a veces no. Que los líderes puedan ser así también ahí en la vida diaria de los chicos. Y que les muestren un cristianismo real, que no le roba la gloria a la gracia de Dios.

La queja número uno que tienen los no cristianos de la iglesia es que somos unos hipócritas. ¡Y tienen razón! Tienen razón porque jamás hablamos de nuestros pecados. El único lugar donde se menciona el pecado en la mayor parte de las congregaciones es en el púlpito. Pero nadie se habla entre unos y otros: «*Hey, tengo esta debilidad, por qué no oras por mí; estoy tentado en esta situación, estoy luchando con esto, por qué no me ayudas a trabajar esto*». Si los líderes nos sacáramos la careta, vamos a ver una generación que va a poder confrontar el pecado con muchísima más misericordia y con más inteligencia. Porque van a poder vencer el pecado. Porque solos no pueden. Solos es mucho más difícil vencer al pecado. Necesitamos la iglesia, necesitamos la ayuda de unos con otros.

Emmanuel: Y también, mano, el que confiesa se hace más fuerte.

Lucas: Totalmente, y como líderes, nos hacemos más confiables. Lo que pasa es que algunos líderes piensan que si muestro que tengo debilidades, la gente no me va a ver más como autoridad. ¡Eso no es cierto!

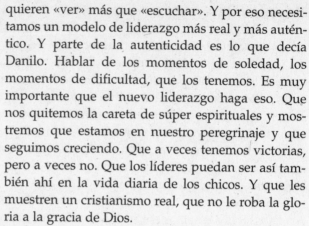

Danilo: La gente no te va a ver así, pero el sistema religioso te puede marcar.

Lucas: Si es cierto que te pueden marcar, pero los chicos confían mucho mas en ti cuando no tratas de mostrarte perfecto si no que reconoces que tienes luchas también. Por ejemplo, yo le he dicho muchas veces a mis jóvenes que he luchado con tentaciones sexuales y claro, también les he contado como las he vencido. Pero a veces he visto lideres que dan entender como que ellos no tienen ninguna tentación sexual ni de ningún otro tipo y entonces los chicos se siente pecadores por solo ser tentados y hasta llegan a caer porque no les enseñamos a diferenciar que ser tentados no es lo mismo que caer.

Danilo: De hecho, hablando de esto, y siendo la sexualidad un tema que moldea tanto y define la vida de una persona, es un tema pobremente tratado o muy mal interpretado. Sigue siendo un tabú en la iglesia y en muchos hogares. Y hablando de adoración, puede ser uno de los temas que está socavando más la vida de los jóvenes. La iglesia no está cubriendo bien el tema, en muchos sectores no lo habla todavía. Y si lo habla, lo habla de una manera demasiado lleno de clichés, nada realista, y como decías solo es la condenación. Pero el punto es que si queremos una adoración más fuerte, ese tema va a tener que ser tratado. Va a tener que ser hablado de una manera sabia, pero fuerte y abierta a la vez.

Yo puedo ser más vulnerable en casa que afuera.

Por otro lado yo veo que hay una buena parte de los jóvenes a nivel de cristianos y no cristianos, desilusionados. Y esa es una de mis mayores cargas en ciertos países. Tú ves a esos jóvenes que casi se lo puedes leer en sus miradas, que te dicen: «*Ayúdame a seguir soñando, porque casi estoy por enterrar todo*». Les cuesta creer en la Iglesia, les cuesta creer en el gobierno, les cuesta creer en la gente. Y ellos quieren creer. Yo veo esa generación así. También veo que, aunque gracias a Dios es una generación mucho más capacitada, está muy desconectada en su devoción. A nivel cristiano, es una generación muy conectada a la emoción, pero muy desconectada a la devoción a Dios, y no sabe cómo cultivarla.

Lydia: ¿Qué consejos les darían a los líderes de jóvenes, que están trabajando día a día con la juventud, que les ayuden a conectarlos con lo verdadero, y que no sean atraídos por el medio ambiente o la cultura que les rodea?

Lucas: Relaciones significativas. Los jóvenes necesitan a alguien que los ame. La iglesia a veces cree que la manera de conquistar a la nueva generación es competir con MTV. Y es cierto que debemos encontrar formas para hacer nuestros eventos más atractivos. Las pantallas gigantes y las luces van a atraer a los jóvenes, y todo muy lindo. Pero el joven necesita

> Los jóvenes necesitan modelos de vida real. Alguien que esté ahí con ellos, alguien que los ame, que los escuche, y alguien que les enseñe.

a alguien que lo ame, y en la adolescencia es cuando se es más hipersensible a esa necesidad de ser amado y de pertenecer. Por muchos años, la iglesia evangélica ha creado el prototipo del líder predicador. Y les seguimos dando eso a los jóvenes. Alguien que les predique el sábado en la reunión de jóvenes. Y no es eso lo que verdaderamente necesitan. Si predica bien dinámico, fantástico. No hay ningún problema con eso. Pero verdaderamente, necesitan a alguien que se involucre en sus vidas y que les den esa conexión que MTV no les puede dar. Eso es lo que nos tenemos que dar cuenta. Si hacemos las cosas bien MTV no puede competir con nosotros, pierde. Nosotros tenemos algo que no tiene MTV ni el mundo, y es Dios. Y ese Dios, ¿Qué tiene de especial? Amor. Y eso es lo que no tiene el mundo, y sí tenemos nosotros. MTV no ama a los chicos, MTV le quiere vender cosas a los chicos. Nosotros podemos amarlos. Y si nosotros captamos eso y les empezamos a llevar algo real, a relaciones interpersonales significativas, cambiaremos muchísimas más vidas. La iglesia será muchísimo más relevante a la nueva generación. En tanto, lo que le demos a los jóvenes sean solo «cultos,» vamos a poder alcanzar solo a los que ya han sido «domesticados» por la iglesia. Pero hay otros que no les gusta lo que hacemos, que jamás los podremos conquistar con un culto típico evangélico. Y a esos, ¿qué les damos? Tenemos que darles amor, que es darles a Dios, porque Dios es amor. Dios no es un culto religioso. Y en el ámbito de la adoración es lo mismo. Adoración tiene que ver con devoción del corazón. Somos adoradores, nos guste o no nos guste. La cuestión es a qué adoramos. Constantemente estamos adorando algo. Y sabemos por lo que la Biblia dice, y por nuestra propia experiencia, que el único digno de nuestra verdadera adoración es Dios. Y cuando le damos a Dios la adoración, hay una conexión que nos llena como ninguna otra experiencia humana que podamos tener. Porque le dimos la adoración a quien verdaderamente se la merece. Todos los otros objetos de adoración son fútiles. El ser humano hoy adora, el inconverso que está en la esquina es un adorador, pero adora el dinero, adora su carro, su casa, la profesión. La verdad es que adoramos cosas diferentes, y nuestra tarea es que pongan primero a Dios y le adoren a él.

Emmanuel: Yo creo que hay que ayudar a los jovenes a encontrar lo que van a hacer en la vida, lo que va a ser su propósito. Hay que ayudarles, pasar tiempo con ellos, y sembrarles semillas de esperanza y trabajar sobre eso. Porque a mí me pasó, cuando tú sabes para qué estás aquí, los «no» van a ser más fáciles, porque tienes en qué basarte. En esto

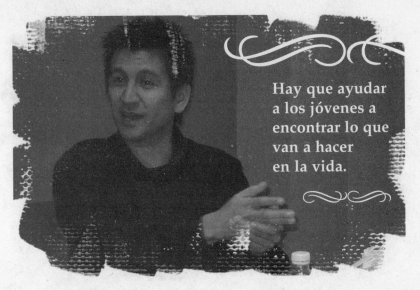

Hay que ayudar
a los jóvenes a
encontrar lo que
van a hacer
en la vida.

influye mucho la personalidad, el carácter de la persona, lo cual hará más fácil o difícil la toma de decisiones. Puede que alguien venga para distraerles de su propósito, pero para eso van a haber personas cerca que quieren invertir tiempo en ellos, a ayudarles y para que sepan para qué están aquí en la tierra. Todo esto requiere tiempo, requiere inversión, no es cuestión de estar una tarde, pero es ahí donde entra el amor, como Lucas decía. El amor por esa persona, o por los jóvenes de mi iglesia, o por nuestra generación. Eso sería clave.

Siendo la sexualidad un tema que moldea tanto y define la vida de una persona, es un tema pobremente tratado o muy mal interpretado.

Lucas: Porque a la verdad, como pastor de jóvenes, la tentación del pastor de jóvenes es trabajar para que los jóvenes se porten bien y estén contentos con el culto. Esa es la tentación. Yo veo cantidades de líderes que están enfocados en eso. ¿Qué quieren? Que los jóvenes vengan a las reuniones de jóvenes, y se porten bien durante la reunión de jóvenes, y que crean que la reunión estuvo buena. Eso es. Si yo me pongo a trabajar para que mis jóvenes brillen con todo su potencial, probablemente la reunión no va a estar tan buena. Pero, sin lugar a dudas, voy a ser mucho más relevante para el reino y para esas personas.

Emmanuel: Estuve en un congreso donde había una banda que había tocado uno de los días del evento, y me estaban platicando cosas de lo que querían hacer y lo que

estaban haciendo, y todo eso. Pero a mí me gusta irme al propósito. Así que les preguntó si tenían alguna visión escrita de la banda o de lo que quieren hacer. Y patinaron y no sabían qué decir. «*No, pues queremos evangelizar y hacer el mejor concierto para que la gente sepa que los cristianos hacemos cosas excelentes.*» Y sinceramente, yo lo que pensé fue: «*Uy, estos chavos tocan muy bien, pero no la tienen muy clara*». Entonces me fui con un líder de ese país y les preguntó por ellos. Le dije: «*Oye, ¿tú conoces a estos chavos?*». Y le dije mi opinión: «*Fíjate que tocan muy padre y toda la cosa, pero no la tienen muy clara estos chavos*». Entonces, me contestó: «*Sabes que no los conozco mucho. Pero si vas a estar acá con ellos, pues aprovecha y enséñales algo*». Eso fue una cachetada con guante blanco. O sea, en vez de nosotros decir: «Ay no, no, a esta generación les falta, soltémosles los perros.» Darme cuenta que yo tengo que hacer lo posible por enseñarles. Yo tuve eso pero ahora hay muchos chavos que no lo tienen, y nosotros tenemos que hacerlo. Y la verdad que después de esa noche, yo escucho a los chavos pero en una onda muy diferente.

> La Iglesia a veces cree que la manera de conquistar a la nueva generación es competir con MTV.

Lydia: Gracias a los tres por este tiempo y por permitirme participar en este proyecto. Confío que todo lo que ustedes han compartido aquí, sus experiencias, sus consejos y sus puntos de vistas, sirvan a otros que desean ser una generación de adoradores, en espíritu y en verdad.

Emmanuel Espinosa

Voz lider de ROJO una de las bandas más populares de alabanza y adoración con la nueva generación. Uno de los músicos más influyentes del pueblo cristiano.
www.reyvolrecords.com

Lucas Leys

Doctor en teología. Director internacional de Especialidades Juveniles y quién entrena la mayor cantidad de pastores de jóvenes en el mundo de habla hispana.
www.especialidadesjuveniles.com

Danilo Montero

Uno de los salmistas más respetados y amados en el mundo latino. Su ministerio ha inspirado a miles y es considerado una de las maximas autoridades en el tema de la adoración.
www.sigueme.org

Si trabajas con jóvenes nuestro deseo es ayudarte

Visítanos en
www.especialidadesjuveniles.com

info@especialidadesjuveniles.com

Ayúdenme,
soy un líder de jóvenes

Si eres un veterano trabajando con jóvenes o apenas empiezas, *Ayúdenme, soy un líder de jóvenes* te brinda los fundamentos para alcanzar con éxito a los adolescentes. Si buscas nuevas ideas para motivar y reforzar a los líderes voluntarios este libro te ayudará a logralo.

0-8297-3511-9

Nos agradaría recibir noticias suyas.
Por favor, envíe sus comentarios sobre este libro
a la dirección que aparece a continuación.
Muchas gracias

Editorial Vida
7500 NW 25th Street, Suite #239
Miami, FL 33122
vida@zondervan.com
http://www.editorialvida.com